啊～剛才應該要生氣的！

아까 화냈어야 했는데

給無法好好生氣而每晚狂踢被子的你

自序　為了剛才沒能生氣的你

「緊抓著怒火不放，恰如將滾燙的煤炭握在手中，準備隨時擲向某人一樣。而最終被煤炭燙傷的，是我們自己。」

佛祖曾說過這麼一段話。這段關於平息怒火的話，指的正是不要懷抱怒火，要懂得放下的意思。

然而，這句話卻不是原封不動地聽進我耳裡。姑且當作佛祖是在教誨世人放下手中滾燙的煤炭好了，但如果滾燙的煤炭是朝著我而來，該怎麼辦呢？如果放下後，又繼續瞄準著我呢？是不是該重新撿起煤炭，然後丟向其他地方呢？還是該靜靜待在原處呢？這也不是，那也不是的你，難道只能緊握滾燙的煤炭，任由它折磨自己嗎？

世界上，因爲無法控制憤怒而成爲兇惡罪犯的人，天天充斥著新聞版面，處處都能聽見倡導應該控制過度怒火的聲音。可是，卻很難在任何地方找到爲了那些一輩子無法好好發一次火而生病的人所寫的故事，也很難找到教導大家如何適當宣洩自己怒火的指南。

因此，這本書是爲了「剛才應該要生氣的，卻沒有生氣的所有人」所寫的。在此，我謹將「適當生氣的方法」，獻給即使腦海裡滿是想像如何能以完美論點給對方迎面一擊，實際卻只能邊吞下怒火、邊用著若有似無的聲音表達抗議，而受傷的各位。

本書以分析各位爲什麼無法好好表現出生氣和深究其中原因爲起點。各位無法表現出生氣的理由，相當多樣與複雜。無法表現出生氣，不能單純歸咎於內向、怯懦的個性。根據先天的性格特質、成長環境、遭遇情況的不同，可以表現出生氣的力度也存在極大的差別。長久以來忍受著無禮之人的行爲而苦撐過來的各位，可以不必再繼續過著啞忍的生活了！

此外，也會談論「生氣」這種情緒的原理爲何？爲什麼應該生氣？應該如何生氣等。發火，明明是人一生之中每個瞬間都相伴同行的情緒，卻鮮少有人明確地解釋這種情緒；也可以說是因爲不了解，因而只被認知爲負面的一種情緒。如果想要適當生氣，必須先從「發火」究竟是什麼開始。

最後，則是要告訴各位，如何讓自己無論置身在任何情況都能不膽怯地表現出生氣的具體方法，讓大家可以立刻實際應用。因「襲捲而來的情緒」表現出生氣，與「適當的」表現出生氣，兩者間存在明顯的差異，做好生氣準備的人，不僅可以光明正大地表現出生氣，也不會有因爲表現出生氣而產生的焦躁心情。

正在邊想著「剛才應該生氣的……」邊獨自狂踢被子的你！從現在起，把被子那種東西丟到一旁去，開始生氣吧！

從畏縮的我，變成必要時就可以表現出生氣的我吧！讀完這本書，就能成爲與現在截然不同、重新成爲懂得如何適當表現出生氣的人了。現在才開始，一點也不遲。

目錄

PART 2

目錄

PART 4

PART 1

真的只要我忍下來就好了嗎？

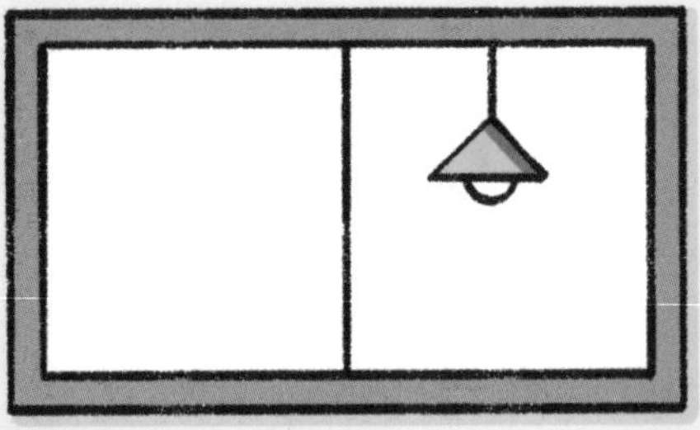

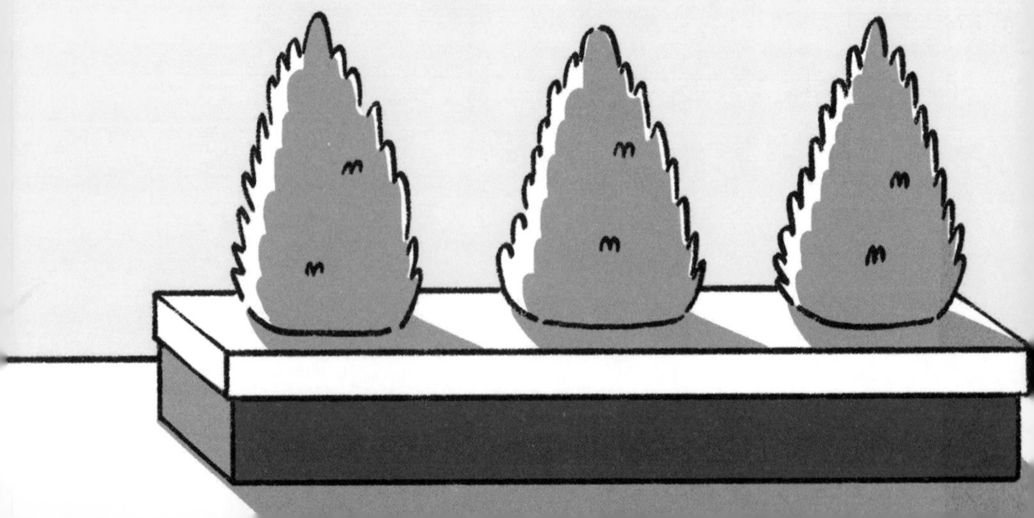

第一章

連憤怒都表現不了的我，問題在於自尊感。

在正式開始前，先問大家幾個問題：此刻眼前的路上，有顆一般常見的小石頭，而它旁邊有顆世上獨一無二的珍貴鑽石。請大家試著想像小石頭與鑽石都是送給自己的禮物，從現在開始，小石頭與鑽石就是屬於你的東西了。好，接著想一下自己往後對小石頭與鑽石的態度。

假如有人在小石頭上塗鴉，你會怎麼樣？假如有人把小石頭隨便丟來丟去，讓它變得坑坑疤疤，或渾身是傷呢？你會把小石頭賣給其他人嗎？或是根本忘記它擺在什麼地方，甚至希望別人帶走它代爲處理呢？

相反的，如果是鑽石的話，情況又是如何？試著提出相同的問題。是否可以看著別人在鑽石上亂塗鴉，或是隨便丟來丟去，讓它變得坑坑疤疤？是否會忘記把它擺在什麼地方？萬一想賣掉，會賣多少錢？有辦法免費送人嗎？

答案當然不會相同。牽涉到鑽石時，會對他人不當行為做出強硬的反應；而同樣行爲牽涉到的是小石頭時，則會溫順地得過且過。

實際上，人們對上述問題的答案幾乎一致。面對兩者時，因應的反應與行動速度也不同。儘管在提及小石頭會悠哉地回答「也是有那種可能吧」、「不會特別在意」的人，也會在換成鑽石時，即刻做出強烈抗議。爲什麼人們會隨著對象不同，而做出如此不同的行爲呢？

關鍵就在「價值」的差異。無論是誰，人永遠會對自己認爲有價值的東西珍而重之。當那樣東西受到不當待遇時，便會感覺憤怒，並做出強硬行動，甚至要求賠償。換句話說，正是希望能得到「尊重」。

藉由比較小石頭與鑽石的價值可以推敲出，當我們面對不當待遇卻無法表現出生氣的原因。簡單來說，由於我看輕了自己的價值、不珍惜自己的緣故，才不能輕易表現出生氣。如果我將自己視爲鑽石般珍而重之，自然就能堅定地做出強硬行爲。

既然如此，爲什麼我會把自己貶低到連生氣都無法的程度呢？本章將帶領大家一探其中原因。

過度的愛，抓成了傷口

大家都是怎麼想自己的呢？自認爲是個有價值的人嗎？關於這個問題的答案，父母的教育方式存在絕對的影響力。

多數父母會依循自己一路走來所建構的價值觀去照顧與教導孩子。舉例來說，如果是重視外向發展的父母，會希望孩子成爲世界的中心，並且堅信孩子能成爲領袖，受到衆人的愛與關注。說到這裡，看起來並沒有太大的問題。然而，問題往往就發生在孩子天生的性格特質屬於內向時，想必父母就會告訴總是逃避、不喜歡面對人群的孩子「你這樣不對」，然後強勢地訓練孩子吧！當這種情況持續長達二十年時，孩子會變成什麼樣呢？

孩子會因此產生與自己原有模樣相悖的評價。因爲經常被罵而認爲自己什麼都做不好時，根本不可能對自己抱持高評價。一旦「我不是那個還不錯的人」的想法烙印於腦海，孩子便會開始認爲自己不是那顆原本就耀眼的鑽石，而是必須不斷努力雕琢才行的小石頭。

EBS電視台曾在紀錄片《Docuprime Mother Shock》中，做過一項關於母愛的科學實驗。以育有國中孩子的韓國媽媽與美國媽媽爲實驗對象，給她們一份簡單的功課後，透過fMRI（functional Magnetic Resonance Imaging，功能性磁振造影）拍攝其大腦影像。實驗團隊向兩國媽媽展示三名不同的對象：我、孩子、他人（金妍兒[1]），然後隨意陳列「優秀」、「傑出」之類的形容詞。接著，請她們對各種單字組合而成的句子（例如：「媽媽＋深思熟慮」）按下「是」或「否」。

藉由這項實驗，得知兩國媽媽同樣在提及關於自己時，內側前額葉會變得活化；提及關於他人時，背側前額葉會變得活化。事實上，兩個部位究竟是什麼、附著於什麼地方，並不重要。重要的是，在意識自己與他人時，大腦活化

1 韓國的退役女單花式滑冰運動員，曾多次以優秀的成績於國際賽爲韓國摘下獎牌。

的部位不同。

那關於孩子的意識又是如何呢？是內側前額葉變得活化，還是背側前額葉變得活化呢？不，讓我們換個問題。孩子，是他人？還是我呢？難道再怎麼像愛自己一樣愛孩子，孩子始終是他人嗎？令人驚訝的是，兩國媽媽意識到關於孩子時，大腦變得活化的部分都是內側前額葉。因此，可以做出兩個國家的媽媽都將孩子與自己視為一樣的結論。

這次輪到以兩名國中孩子為一組，透過各自從四張牌中翻出的一張牌決定分數的遊戲。這項遊戲，被設計為當場比較出自己與對方的分數差異。接著，實驗團隊會於遊戲期間拍攝媽媽們的「報償腦[2]」。報償腦，是大腦於我們嚐到美食或玩遊戲獲勝時會變得活化的部位。然而，這次韓國媽媽與美國媽媽間，卻出現了明顯的差別。

韓國媽媽只有當孩子選到的牌卡分數比對方高時，報償腦才會變得活化；相反，美國媽媽在分數具絕對優勢時，報償腦會變得活化，而較對方高分或低分時所產生的活化程度則顯得微弱。此外，即使已經取得具絕對優勢的分數，當對方得到相同分數時，也能檢測到韓國媽媽的報償腦活化程度極低。

概要上述實驗的結果，當父母都將自己與孩子視爲一樣的同時，韓國父母只有在「相對」獲得較好的報償時，大腦才會變得活化。首爾大學心理系教授崔仁哲分析兩者間的差異，在於西方與東方不同的思考方式。簡單來說，是慣於自行判斷相對位置的東方思考方式影響了這項實驗。

最後，實驗團隊進行了一項要求孩子將隨機擺放的字卡組成詞彙的實驗。在這項實驗中，兩國媽媽的反應也出現顯著的差異。

即使對孩子來說難度很高，美國媽媽也會提供充分的等待時間，並且幾乎不會給予任何提示；相反，韓國媽媽只要一見到孩子遭遇困難，無論如何都會透過直接或間接的提示讓孩子解出問題的答案。甚至還會在主持人刻意暫時離開座位時，立刻公然地告訴孩子答案。

爲什麼會出現這種結果呢？因爲媽媽將孩子與自己視爲一樣，孩子的失敗

2 伏隔核Neucleus accumbens，與獎賞、快樂、成癮、恐懼、調解愉悅與需求相關的大腦部位。

就會直接連結到自己的失敗與不足。假如孩子無法完成任務，媽媽便會爲內疚感所苦，偶爾甚至還會感到羞恥。即使這項任務不是用來評價孩子智能的實驗，也不會在成功時給予獎勵、失敗時給予懲罰，卻能見到媽媽對於孩子拼不成完整詞彙這件事顯得戰戰兢兢的模樣。

多數父母都如同上述，將孩子與自己視爲一樣，並且會藉由孩子的成就產生報償感。相反，當孩子做得相對不好時，會有比自己失敗時感覺更強烈的挫折感，甚至內疚。這樣的大腦運作機制，會在父母期望孩子完成自己完成不了的夢想時推至極大化。

不妨試著站在孩子們的立場想一想？孩子們要如何在感受父母這種「扭曲」的愛中成長呢？孩子們會認爲「只有在滿足父母設定的標準時，自己才能得到愛」。當孩子們感覺自己從父母身上得到的是「有條件的愛」，自然就會輕視自己的價值。

面子與發脾氣之間

在韓國，經常使用「沒面子」、「要面子」之類的詞彙。「面子」，意指符合社會地位的行爲形式。簡單來說，就是根據一個人所處的社會地位，決定行爲種類與範圍的意思，也可以說是韓國人長久以來受到儒家社會秩序的影響之下，形塑而成的概念。

面子，會抑制情緒表現。不知是否因爲如此，韓國人總是努力著不用直接的方式，希望在不傷害對方的情況下表達自己想要的東西。當表達方式經過包裝，或許減少了情緒可能造成的傷害，但嚴重的副作用卻也同時伴隨著如此迂迴的溝通方式而來——那就是爲了掌握他人眞正的意圖，而必須懂得「察言觀色」。

歸咎於這種文化，韓國人們變得吝嗇於表達情緒。假如是負面情緒，會更加倍地抗拒表達，結果導致一而再地引發與自己眞實意圖相左的結果。

對於原本沒有任何含意的話語，大家是否曾經因爲費心推敲說話者的眞實意圖，反而引起不必要的誤會呢？又是否曾因這個推敲出來的結果嚇得雙腳發麻呢？或是因爲對方完全不在意的事而自顧自地苦惱、難受？有時，甚至還會因對方毫無任何用意的行爲生氣。

爲了讓因爲顧忌面子而無法直接表達眞心的人，也可以顯露自己的情緒，創造了新的表達方式——生悶氣。所謂「生悶氣」，是既沒有完全表現出自己的眞心，卻又能傳達負面情緒的行爲。根據文化心理學的定義，「生悶氣」是韓國人避免直接面對對方的同時，讓對方知道自己的情緒狀態，並且期望對方明白自己情緒獨有的溝通模式。這種「生悶氣」，藏著遺憾與怒氣、不快、傷心、被冷落、被忽視等感覺。長久以來，比起直接表達負面情緒，韓國人學會了藉由「生悶氣」這種迂迴的方式表達情緒。或許，也因此讓生氣變得尷尬、困難。

上述的面子與生悶氣，也相當適用於養育孩子。尤其處在這種將孩子視爲「未成熟且需要保護的存在」的文化氛圍，父母往往不會尊重孩子的情緒與行爲。面對孩子的情緒表達，除了壓制或安撫的兩種極端，根本也不會嘗試掌握或尊重孩子的情緒、告訴孩子應該如何表達情緒。請試著想像孩子生氣或傷心的情況——此時，大人們多數的反應是「沒禮貌！在長輩面前生什麼氣！」「怎麼可以爲了這種事哭？」或是「天啊……我的小寶貝，買點好吃的零食給你，吃了心情就會好起來。」……而「孩子們爲什麼會有那樣的情緒？」「該如何教孩子正確表達那樣的情緒？」變得一點都不重要。這些都是大人在教導孩子不能擁有或展現負面情緒，最好盡快轉移注意力到其他事情的方式。

重視成績單的社會

在韓國生活的人，大部分都不是自願上學。只要到了規定的年紀，無論願不願意，所有人都得上學，都得接受國家規定的正規課程。人們依循很久以前訂定的標準被評分後，按照分數被分級。事實上，這套評分系統，不過是單純用來區分科目，然後再用來呈現學習成果的數值罷了。然而，不知從何時開始，這套評分的數值，意即所謂的「成績」，竟變成了決定人生的基礎，全面地影響著人生。只要乖乖聽老師的話，取得好成績，身邊的人的稱讚便不絕於耳；當成績低又對讀書沒興趣時，便會獲得不踏實、專注力不足等負面評價。

儘管每個人的發展速度、興趣、適性皆不同，我們一直以來卻都按照成績接受著負面或正面的評價，並且在不自覺間內化了這套評價方式。即使不是自己的選擇，也會因爲無法做出規定的成果，而將自己評價爲沒有價值的人；被「必須爲了獲得正面評價而努力」的強迫思想緊緊糾纏。

小時候，只需要單純的被評價成績，成爲大人後，評價項目擴大到財產、職業、有無配偶等極私人的領域。隨著這套系統而來的自我評價，甚至長久支配著你我。

既然如此，這套系統的勝利者又是如何？因爲勝利了，心情就很輕鬆、愉快嗎？

很可惜，獲得好評價似乎不等於自我價值的提升。當然了，獲得好評價時，或許暫時會出現自我價值變高的想法，但請試想這是在撇除自我本質的情況下，依據他人訂下的標準所做出的評價。除了在關鍵時刻獲得好評價之外，還得想到自己的努力可能會換得負面評價，被所帶來的不安與壓力綁架。扣除在這套評價系統外，仍能達到要求目標的人是極少數，置身其中的多數人是很難對自己的價值抱以高度評價的。

維持平均的陷阱

韓國，是對「平均」有著嚴重強迫症且執著的國家。或許可以歸咎於人們時常自我判斷在社會中的地位，以及受到前文所提到的評價系統的影響。不知是否因爲如此，對於過著與一般生活不同的人們，例如環遊世界或排除萬難只爲達成夢想的人，即使會投以憧憬的目光，但大部分的人依然會選擇追求一般的生活——接受正規教育、上大學、找工作、組織家庭等。

在近來的社會，無論選擇何種生活型態，實際上幾乎不太會有餓死的情況發生。眞正可怕的，不過是不穩定的未來與來自周圍熾熱的視線罷了。這正是人們恐懼「肯定自我價值」，與選擇「專屬於自己人生」的原因。打從一開始，也就是從童年時期起，大家就已經被太多必須做的事奪走了探索自己獨有價值的時間。

當人們想消除對未來的恐懼時，往往就會聚焦於讓自己達到「平均」的生活。然而，問題在於想在韓國達到平均的生活也不是什麼簡單的事，就算「成功」達到了平均的生活，也不會使人得到多大的滿足感。原因在於，眞正的平均與大家想像的平均，存在極大的差距。

根據調查，在韓國被認爲是中產階級的財產與所得標準，與實際的中產階級有著很大的落差。比如說，當人們認爲一個月賺到韓幣五一一萬[3]左右才是中產階級，自己卻只能賺到韓幣三六六萬或以下時，表示自己不是中產階級，而是貧困階級。

這種差異，創造出老是覺得自己生活過得不夠好的自我認知，於是比起滿足與專注在自己的生活，反而不斷想著要再更進一步才行。其實，無論是有陣子紅到讓工廠生產量追不上銷售量的蜂蜜奶油洋芋片（Honey Butter Chip），或是家家戶戶都至少有一件「長版羽絨外套」的熱潮，或許皆是源於一種「即使是透過花錢消費，也要達到平均」的心理。

一旦自認爲是「無法達到平均的存在」，自然不可能會對自我價值抱有多高的評價。現在請試著在腦海中想一想以「別人」爲開頭的句子。總共浮現多少想法呢？又是什麼樣的情緒呢？

別人都做得到，只有我做不到。
別人都有，只有我沒有。
別人、別人、別人……

自己的生活或教育水準眞的比不上他們嗎？

其實不然。我們必須接受別人可能做不到只有我做得到的事，而別人也可能做得到我做不到的事。

想用如此自傲的視角看世界，當然也不是件易事。只是，明明已經過得不

3 新台幣與韓幣匯率約爲一：三十六。

錯了，卻還抱持「我還不夠好」、「必須再努力點才行」、「別人都過得很好，怎麼我……」等認知，最終只會帶來貶低自我價值的結果。

我是能夠表現出生氣的人嗎？

不妨透過簡單的個性測驗，看看自己與生俱來的性格特質與生氣這件事，究竟該如何產生連結吧！

任何人都至少做過一次ＭＢＴＩ（職業性格測試）或九型人格，用以檢測自己性格的經驗。然而，在心理學研究中，實際透過性格的五因素模型，也就是所謂的「Big Five」進行了與性格有關的研究。在此就以ＴＩＰＩ（五大人格量表，Ten-Item Personality Inventory）取代原本是更為複雜、精密的測驗，一探各位的性格特質。

ＴＩＰＩ總共由十項題組組成，請根據自己平常最放鬆、習慣的行為，於每項題組所出現的傾向標記對應分數。

題組一、我是外向、熱情的。

完全不是……1分	某種程度不是……………2分
有點不是…3分	可以是，也可以不是…4分
有點是……5分	某種程度是……………6分
完全是……7分	

題組二、我是具批判性、喜好辯論的。

完全不符合……1分　某種程度不符合…………2分
有點不符合…3分　可以符合，也可以不符合…4分
有點符合……5分　某種程度符合…………6分
完全符合……7分

題組三、我受人信任、懂得自我管理。

完全不符合……1分　某種程度不符合…………2分
有點不符合…3分　可以符合，也可以不符合…4分
有點符合……5分　某種程度符合…………6分
完全符合……7分

題組四、我對每件事都感到不安、經常生氣。

完全不符合……1分　某種程度不符合…………2分
有點不符合…3分　可以符合，也可以不符合…4分
有點符合……5分　某種程度符合…………6分
完全符合……7分

題組五、我喜歡體驗新事物、思想複雜。

完全不符合……1分　某種程度不符合……2分
有點不符合……3分　可以符合，也可以不符合……4分
有點符合……5分　某種程度符合……6分
完全符合……7分

題組六、我是內向、安靜的。

完全不符合……1分　某種程度不符合……2分
有點不符合……3分　可以符合，也可以不符合……4分
有點符合……5分　某種程度符合……6分
完全符合……7分

題組七、我近人情、感情豐富。

完全不符合……1分　某種程度不符合……2分
有點不符合……3分　可以符合，也可以不符合……4分
有點符合……5分　某種程度符合……6分
完全符合……7分

題組八、我沒有秩序、粗心。

完全不符合⋯⋯1分　某種程度不符合⋯⋯⋯⋯2分
有點不符合⋯3分　可以符合，也可以不符合⋯4分
有點符合⋯⋯5分　某種程度符合⋯⋯⋯⋯⋯6分
完全符合⋯⋯7分

題組九、我沉著、情緒穩定。

完全不符合⋯⋯1分　某種程度不符合⋯⋯⋯⋯2分
有點不符合⋯3分　可以符合，也可以不符合⋯4分
有點符合⋯⋯5分　某種程度符合⋯⋯⋯⋯⋯6分
完全符合⋯⋯7分

題組十、我討厭變化、不具創造性。

完全不符合⋯⋯1分　某種程度不符合⋯⋯⋯⋯2分
有點不符合⋯3分　可以符合，也可以不符合⋯4分
有點符合⋯⋯5分　某種程度符合⋯⋯⋯⋯⋯6分
完全符合⋯⋯7分

問題的答案都填妥了嗎？接下來，按照各題組的計算公式算一算自己的分數。

勤勉審慎性 ＝｛題組三的分數+（8－題組八的分數）｝÷2
親和性 ＝｛題組七的分數+（8－題組二的分數）｝÷2
情緒穩定性 ＝｛題組九的分數+（8－題組四的分數）｝÷2
經驗開放性 ＝｛題組五的分數+（8－題組十的分數）｝÷2
外向性 ＝｛題組一的分數+（8－題組六的分數）｝÷2

算好自己各題組的分數了嗎？接下來，讓我們與以305,830名對象為調查對象的分數結果比較，看看自己究竟是不是個常生氣的人。

- **勤勉審慎性**：平均4.61分；6.0分以上為高，3.2分以下為低
- **親和性**：平均4.69分；5.9分以上為高，3.5分以下為低
- **情緒穩定性**：平均4.34分；5.8分以上為高，2.9分以下為低
- **經驗開放性**：平均5.51分；6.6分以上為高，4.4分以下為低
- **外向性**：平均3.98分；5.6分以上為高，2.4分以下為低

（一）勤勉審慎性高——會因為思慮慎重而無法表現出生氣。

結果顯示為勤勉審慎性分數高者，平常想必常聽到「有系統的」、「有秩序的」、「認真」、「有毅力」、「謹慎」、「仔細」之類的形容詞；相反的話，則應該會常聽到「沒秩序的」、「即興的」、「粗心」、「草率」、「衝動」之類的形容詞。

反覆想了又想、想了又想的你！觸發怒氣後，只要經過三分鐘，熊熊烈火般的感覺就會消失。正是因為你的深思熟慮，錯過了表現出生氣的時機。可是，由於你的怒氣並非完全消失，等到日後重新想起時，又會開始狂踢棉被。

（二）親和性高——會因為考慮別人而無法生氣。

一般而言，親和性低的反親和性者，被認為具有較強烈的自我主張。此外，這些人易於展現憤怒、譏諷、反感等模樣，自然就比較容易生氣。至於親和性高者，會因為容易對他人產生共鳴，而無法意識到自己什麼情況應該表現出生氣。就算想表現出生氣，也會先站在對方立場想著「他一定有什麼原因」。然而，在維持良好人際關係的同時，怒氣也會被漸漸累積。

（三）情緒穩定性低——能表現出生氣的情況太多了。

情緒穩定性，是關於面對周圍環境出現的負面信號所產生的敏感度。當我們的身體感覺受到威脅時，名為「杏仁核」的器官會因此變得活化；而杏仁核較他人過度活化者，即可視為情緒穩定性低的人。情緒不穩定的人，會對其他人不以為意的事情有比較敏感的反應。舉例來說，細微的表情變化、看似迴避自己的行為等，都不會被輕易放過。然而，卻不會真的表現出生氣，只是有很多能表現出生氣的情況罷了。

（四）經驗開放性低——新環境令人感覺不自在。

經驗開放性，與接受新想法、新互動、新環境的創造性傾向有密切相關。這項分數高的人，剖析世界的方式會比較複雜；相反，分數低的人，則認為固有模式比新嘗試來得令人感覺自在，並且會抗拒自己沒有經驗的事。當不認為「這種事也是有可能發生」，而是「怎麼可能有這種事」時，便有可能會開始表現出生氣。一旦對新想法或新環境產生抗拒，不安與擔憂就會隨之增加，進而累積怒氣。

（五）外向性低——表現出生氣，對我來說太刺激了。

外向性與內向性，是高度受遺傳影響的性格特質。有別於大家所想，內向者大腦新皮質的特定領域，亢奮程度較高，而外向者的大腦新皮質，亢奮程度較低。因此，一般而言，內向者會想降低亢奮程度，而外向者會想提升亢奮程度。內向者會希望消除過多刺激，並且傾向獨處或僅與少數人相處就好；相反，為了提升不足的刺激，外向者會傾向找其他人一起前往熱鬧的地方。

平常亢奮程度已經偏高的內向者，在面對需要表現出生氣的情況時會選擇避免。原因在於，表現出生氣後引起的一連串過程（因為自己表現出生氣，導致對方被嚇到、感覺受傷，或是對方也開始回以生氣表現等），對這些人來說是太過強烈的刺激；相反，外向者大多不會對表現出生氣一事顧慮太多。原因在於，如果不好好生一次氣，根本感覺不到自己內在過度的刺激。

結果是否令人滿意呢？藉由這項簡單的測驗，基本上可以得知各位比起其他人，究竟有多難生氣。話雖如此，也不需要妄下「我果然是個無法表現出生氣的人啊！」之類的負面結論。

唯有清楚原本性格特質，才能找出需要改善的部分。[4]

4 TIPI，屬於簡單的測驗。以擁有更多、更複雜題組的正式心理測驗，搭配測驗者的分析，才能測出更準確的結果。此項TIPI的分數，是僅能粗略掌握自己性格的簡單測驗，請各位亦毋須太過深信。

第二章
為什麼我會變成無法表現出生氣的人？

精神分析學家安娜・佛洛伊德（Anna Freud）主張人會在面對痛苦情緒，或難以承受的煎熬情緒時，出現自我保護意識，並且逃避顯露這些情緒的行爲，定義爲「防衛機制」。每個人都會因自己的底線崩毀或不受尊重而感覺恐懼。防衛機制就會在需要協助捍衛這些情況時，對著朋友、家人、情人或不特定的他人展露無遺。

即使置身應該生氣的情況，也總因「只要我忍一忍就好」、「對方一定有什麼苦衷」等想法而忍耐的你，早已習慣在各種關係中忍住怒氣。然而，不斷忍耐著不生氣的人，往往就會被當作「軟柿子」，或是轉以錯誤的方式表現出生氣。爲什麼我會變成是無法表現出生氣的人呢？讓我們看看在各種情況裡，究竟是什麼原因促使你我忍住了怒氣。

我不是出氣筒——家庭關係

子女無法對父母表現出生氣的最大原因是什麼？或許可以歸咎於「反抗辛苦養大子女的父母是種不孝」的傳統思想。於是，即使想表現出生氣，也會因爲「被強迫」想起「我是父母的子女，他們說話才會比較隨便」、「他們長久以來的觀念是不可能改變的」、「他們其實是在擔心我，是希望我好才會說那些話」等，而忍住怒氣。當然了，從出生起就沒對父母生過氣的人也很罕見。小時候動不動就會鬧彆扭、生氣的你我，隨著年齡漸增，開始懂得每個人都有應該被諒解的部分，因此基於各種原因，往往選擇了忍耐，而非生氣。接下來，讓我們一探在家庭關係中，關於「生氣」的各種情境。

父母的固執

案例一）不是我自願當老大的！

我是第一個出生的孩子。當然了，不是我自願當老大的。我不過就是第一個出生罷了，爲什麼父母動不動就要強調我是老大？「因爲是老大，所以要忍耐」「因爲是老大，所以要讓步」……這一切，讓我開始分不清自己究竟是個有責任感的人，或是強迫變成有責任感的人。我眞的是適合當老大的人嗎？我不知道。我到底是誰？

#老大 #Elsa #冰雪奇緣 #Letitgo #媽媽 #讓步 #強迫 #責任感

#我「想要的」是什麼？

案例二）誰都可以當公務員嗎？

父母又開始講公務員的事了。誰誰誰家的孩子當上公務員後，只花兩年就升等成幾級公務員；媽媽某個朋友的孩子光靠自修就考上公務員了吧？到底要連大學入學考都讀得要死要活，好不容易才考上大學的我怎麼樣？再加上，你們根本不知道考上前要讀多少東西，就要我去準備考公務員？再怎麼想，都覺得不可能。

#公務員 #高考 #父母的強迫 #edu××× #徐京錫[5] #我的頭腦沒那麼好 #考不上的人多得很 #為什麼會覺得我考得上 #光是靜靜坐三十分鐘都滿身大汗的我_根本無法 #我不考了 #不_是考不了 #我想做的是什麼 #想去趟旅行

案例中的主角，不僅是無法順從父母的期待，甚至連自己的人生也無法活得隨心所欲。換作是你，在這種情況能忍住怒氣嗎？

就算表現出生氣也不會被當作一回事，最後還是忍住了。只因自己早就生

5 韓國著名的公務員考試補習班edu will，由藝人徐京錫代言。

氣過、哭過、拜託過了。只是，面對無論如何父母都不願改變心意的態度，自己已經累了，也打算放棄自己的眞實想法。

大多數的父母，是以他們一直以來固守的價值觀爲基礎在養育子女。因此，他們很難接受子女與自己的價值觀不同。畢竟，沒有人在突然改變看世界的鏡頭時，不會因此感覺不安與恐懼。只是告訴你「以後要生氣就生氣！」確實也是件很難做到的事。父母本身的價值觀，是在明知自己，甚至子女都很難達成的前提下，也很難改變既有態度。於是，既不願順從他們的價值觀，又無法完美拒絕的你，才會選擇了迴避或忍耐。

親戚間過度的關心

案例）一定要結婚嗎?!

我身邊不斷傳來結婚的消息。不知不覺也邁入三字頭，只要遇到逢年過節，親戚們就像常客般現身於我的結婚議題。參與程度可不止於「有沒有什麼不錯的人？」而已，是以「都這個年紀了，到底在做什麼？」開頭的談話，開始當面細數我的年紀。至少態度友善點吧……雖然周圍也有過著幸福婚姻生活的人，卻也不少因爲娘家或婆家的矛盾、性格差異、子女教養問題而傷腦筋的人。每次看著他們，我都會想：「一定要結婚嗎？」可是不結婚，又好像會被身邊的人當作是有什麼缺陷的人。其實，我現在也搞不清楚自己到底想不想結婚……。

#結婚 #多管閒事 #折磨 #擔心 #年紀 #眞的必要嗎 #有不錯的人的話」介紹給你 #每次聽到這種話 #都想說」請你給我錢就好

與親戚們見面的場合，比起開心，更多的是壓力、不自在。好久沒見、連長相都記不得，卻一直拿他們的小孩和我比較，默默炫耀自己孩子的舅媽，以及連我幾歲都不知道，還不斷訓誡著「長到你這個年紀應該做什麼」的舅舅……，這些人愈是因爲不常見面沒有共同話題，愈喜歡提起這些令人尷尬的話題。明明是有相同血緣的上一代，卻因彼此的差異產生自卑感，經常會發洩在身爲下一代的我們身上。他們很難直接向你我的父母透露自己對這些情況的不滿，因此才會用「爲你好」、「擔心」的形式轉而攻擊我們。問題在於，面對所謂的「長輩」，我們根本無法對他們的惡言做出任何反應。只能說些「喔，好」「我自己知道怎麼做」「小事而已」等消極的回應，這已經是你我能做到的最大反擊了。

害怕被排擠嗎？——交友關係

你是否就算朋友對自己無禮、開過火的玩笑也無法表現出生氣？這或許正是因爲很難想像自己生氣後，會引起多大的後續發展；又或者，害怕自己顯露負面情緒時，對方會因爲感到受傷而有結束彼此朋友關係、或在背後說自己閒話等的反擊行動。

可是，無論再怎麼隱藏你的內心，再怎麼忍受他們的無禮，這段關係終究會朝著惡化、結束的方向發展。原因在於，你的內在會持續因他們而受傷。不知道你已經受傷的朋友，依然不斷刺激你的內心，結果你最終忍無可忍，可能會毫無預警地暴怒，或在沒有任何預告下就結束朋友關係。最後，對此感到莫名其妙的朋友便成了調頭射向你的毒箭。

同性朋友

案例）我曾經那麼信任你，居然是在背後說我閒話的源頭！

無論是難過或開心的事，我都會告訴這位朋友。他不僅能同理我的情緒，偶爾也會說出些真心的建議，讓我總是可以自在地吐露心事。雖然，他並不會像我一樣展現那麼多的內心世界。後來，我才總算知道原因是什麼——那個朋友想必不知道我現在正在說他的壞話，就像他也在說我的壞話一樣。

從某刻起，周圍的人都知道且議論著我從未對任何人提及的難堪過去，可以肯定的是，多少會帶點嘲諷的意味。面對那些根本不認識我的人，對著我竊竊私語，我既慌張又無言，最重要的是，好奇他們究竟是怎麼知道的。幸好，其他熟識的朋友告訴了我事情的始末：他看見那位朋友不只到處說我的故事，甚至還說了我的壞話。打擊、發毛……被自己相信的人出賣，原來就是這種感覺……。

#信任 #內心話 #閒話 #相信人的我是笨蛋 #難道」是因爲自卑感 #我不懂 #打擊 #發毛 #我的天 #封鎖 #裝不知情 #在我面前是天使 #到了外面是壞話專家

同性朋友間，經常發生這種事。這些人既不是當面對你生氣，也找不到他們誣陷你的物證。你根本找不到任何解釋的途徑，換句話說，就是「受到好像是，又好像不是的攻擊」。和這些人對話後，只會更讓自己陷入不知道該如何解釋的複雜心情。可是，卻也不能坦然地表現出生氣。再加上，爲了避免矛盾，我們大多會選擇睜一隻眼閉一隻眼。當然了，這些人不會因爲你的忍耐與退讓，而停止攻擊，大部分反倒會變得行事更謹慎，以便迴避責任。爲什麼會出現這種情況呢？

大多是因爲對方希望你能自爆。其中的原因很多，但主要的可能是始於面對你時所產生的自卑感。或許說到這裡，你會滿頭問號地說：「可是他……到底爲什麼？」自我價值高的人，是沒有理由詆毀別人的。然而，這些人並非如此。面對你享受著他們沒有的東西時，爲了消除自卑感所產生的扭曲需求，便體現成這些行爲。在你不知不覺間，對方成爲「敵人」，開始了對你的攻勢。

既然如此，攻擊你的這些人所具備的特徵與需求又是什麼？

他們大多認爲自我價值很低，且有很大的機率是性格敏感的人。因此，較易被自卑感操縱，進而把氣出在比自己擁有更好環境或條件的你身上。對方只要拋下一句「實際情形是什麼一點都不重要」，事情就結束了。

他們想攻擊不合心意的你，嫉妒（看起來）比自己好的你，甚至還會想要把你踩在他們之下。其實很多時候，他們是極度恐懼被身邊的人當面拒絕或攻擊的一群人，也完全不想成爲其他人口中的議論對象。因此，清楚這些人的行爲模式後，再學習與他們保持距離。

讓我們再更詳細地了解這些人主要使用的「暗招」。

・「天啊！今天是你生日？我不知道耶……」

在朋友間的聊天群組裡，曾經試過因爲這種話而感覺傷心嗎？在好朋友們創立的聊天群組裡，充滿了大家每天的心情、公司發生的事、家庭故事，甚至還有關於男／女朋友的閒話。這些社群軟體，也會公開通知用戶今天是哪位朋友的生日。可是，這些人卻依然假裝不知情，直到事後才假惺惺地反問。而你無法對故意忘記自己生日的他們生氣，或顯露不開心的神色，畢竟也不能強迫別人記得自己的生日。看著努力隱藏傷心情緒的你，這些人的內心反而揚起了一絲微笑。

・「你的想法滿奇特的。」

大小事都反對你意見的他，不僅與你的言行不同調，甚至還會將你的意見變成世上最荒謬、奇異的發想。累積愈多次這種回應，比起表現出生氣，你反而也會跟著踏上自責「難道是我眞的很奇怪嗎？」一途。然而，認眞想想，你會發現這些是「有智慧的」攻擊方式。

・「我聽了很多關於你的事，我是擔心你才說這些話的。」

這是最「高招」的手段之一，因爲對方用了好像眞的在爲你著想的語氣。可是，仔細想想，如果眞的流傳著那麼多關於你的事，早就傳到你耳裡了。而人們也不會特地咬著某人不放，不斷議論你的事才是。

假如某人用這種話開頭，開始對你說些負面的事時，幾乎可以直接把「我聽了很多關於你的事」換成「我到處說了很多關於你的事」。對方只是表面上裝出一副擔心你的樣子罷了。如果眞的擔心你，應該會直接提出眞心的建議，而不是非要將大家議論的話又轉達給你。

男／女朋友

案例）已經從傷心變成生氣了！

如果是相愛的關係，不，哪怕只是交往的關係，都該堅守要保護對方的禮儀吧？怎麼可以隨便說出這種話？怪我們太親密了嗎？有時，你眞的太不尊重我了。我現在也不想再聽到你說什麼「喜歡跟你在一起很放鬆」了，倒不如不那麼放鬆。明明已經說過那些話會對我造成傷害，你卻一點也沒改。我已經受夠每次都要爲了同樣的問題生氣了，我們是不是不太適合？

#傷害 #吵架 #爭執 #禮儀 #你當然很放鬆 #我可一點都不放鬆 #尊重 #分手的節奏？ #我不管了 #難道是性格差異 #對不起我不夠大方 #但這也不是大不大方的問題吧

是否談過動不動就會自然地說出「到底爲什麼要交往？」「他有愛我嗎？」的戀愛呢？又或者身邊是否有在談這種戀愛的人呢？

面對既不懂尊重，又隨便對待你的人，你卻無法生氣也無法和對方分手的原因在於——你不珍惜自己。在這種情況，大部分是源自「對斷絕關係的恐懼」；唯有在第三者認同你的存在感時，你才會認知自己是個值得被愛的個體。

於是，再沒有什麼比憤而斷絕關係一事來得更令你恐懼了。由於在你的腦海裡，「沒有愛人的狀態＝不完整的狀態」或「分手＝戀愛失敗」的想法占據極大比例，因此就算面對不當行爲時，也很難表現出生氣。

想維持一段好關係，了解彼此會因爲哪些事生氣、怎麼做才會消氣等，是相當重要的事。可是，由於你認爲自己與對方產生的矛盾，以及因此而表現出生氣，將會爲這段關係畫下句點，所以才會沒辦法輕易表現出生氣。結果，就在忍無可忍之下爆發，終於還是走上分手一途。

此外，當面對對方性格柔弱時，也會變得無法表現出生氣。性格柔弱的人，有些是因爲一直過著如同溫室花朵般的生活，有些則是因爲內心存在無法抹去的創傷。無法成熟地修補內心創傷的人，是很難敞開心扉的；即使敞開了心扉，也會在關係中不斷感覺不安，易於因無心的話而受傷。

假如是在參雜了好感與憐憫的複雜情感下，與這種類型的人開始戀愛，你將會很難說出一些可能對對方造成傷害的話。因爲你的一句話，對對方來說已是如烈火灼身般的痛。於是，你也不再確信自己如果表現出生氣了，是否就能解決問題。

抱著辭呈過一輩子——社會生活

無法在公司表現出生氣的原因，與權力有很深的關聯。這裡指的「權力」，意思是「必須服從他人，或被認證得以支配的權利或力量」、「某人或某團體對他人擁有具影響力的潛在能力」。而公司，正是深受這種權力影響的代表性環境。

在公司，會依據明確的職級稱呼彼此，並按照該職級賦予對應的角色與權限。執行長、副執行長、總經理、常務理事、協理、經理、副理、襄理、課長、組長、主任、職員等，各職級對自己的直屬下屬都具有可以行使的權力。

不過，「權力」是一種相對的概念。舉例來說，可以對著主任以下的職員發飆的課長，在擁有次長職級以上的人出現瞬間，便即刻喪失權力。再加上，這些權力構造會根據職級低者對職級高者掌控資源的需求程度，出現權限多寡的差異。簡單來說，職級高者對職級低者之所以是股極強的力量，原因在於他們擁有能決定職級低者需求的升職或分紅權限。正如經常被拿來開玩笑的一句話：「就不要讓我中樂透，我絕對會把一直沒說的話說出來才離職！」這句話代表的意思是，當自己再也不需要職級高者掌握的資源時，他們的權力就隨即消失；也就是說，只要自己不用再看人臉色，就能暢所欲言。

權力的心理學

案例）老是為了小事找碴的王X蛋組長！

「斷句斷得不好」、「寫了明顯的錯字」、「開頭要空兩格」、「用那什麼字型」、「多加點內容，不，刪點內容」、「寫重點」、「這種東西上面的人聽得懂才怪！」、「加入背景圖片啊」……。

我的報告，今天又被退回了三次。如果是要送出去的報告，我可以理解爲什麼會被這樣檢討。如果連部門內部分享各自想法的書面資料都要在意這點小事，那麼您們老掛在嘴邊的「嶄新的創意」，大概永遠都會掛在遠在天邊的仙女座囉……！

#報告 #倒退 #混蛋組長 #王X蛋 #不然你來寫 #難道是在寫書嗎 #難道不是組長是總編輯嗎？ #是不是得了編輯病 #重點在哪裡 #連重點在哪裡都不知道的人

「趨避衝突（Approach-Avoidance Conflict）」，是與權力相關的心理學理論。在這項理論中，於自身所處的環境放大潛在報償時，屬於趨近傾向；而放大潛在威脅時，則屬於迴避傾向。依據心理學家達契爾・克特納（Dacher Keltner）的研究團隊結果，按照個人感受權力的差異，趨近與迴避傾向的活躍程度也會不同。萬一是剛進公司的人，或是嚴格劃分上下關係的組織，只要不是最上位者，你的迴避傾向隨時隨地都會處在活化狀態。就算你表現出生氣，公司也不會有人覺得你奇怪、不會有被炒魷魚的威脅，即便如此，你所感受到的威脅仍比想像中來得大。如果是正常的公司，也很少會因爲正當原因生氣而遭解雇。雖然，或多或少還是得看點臉色……。

相反，在一個組織內，就算僅是擁有極小的權力，趨近傾向也會隨著去迴避一起變得活躍。所謂「去迴避」，指的是不迴避應該迴避的部分，且隨自己心裡所想的行動，像是對別人說些不必要卻會造成傷害的話，或是做出常理難以理解的事。換句話說，在這個名爲「公司」的空間，除了是個易於感受權力的環境，也是相當適合讓擁有愈多權力的人，輕易因爲去迴避傾向而做出惹怒他人行爲的空間。然而，換作平常早就因同樣行爲而表現出生氣的人，也會基於考量到「公司」這個空間，而被「活躍的迴避傾向」搞得很難坦然生氣。

離職欲望

案例）上司叫我休假

很想打那個快年底了還叫我休假的上司後腦勺。明知道不是我不想休假，爲什麼還要這樣羞辱我？暑假時，已經給了那些休太多假的人不少臉色看，居然還要我這個時候休假?!那就不要再加重工作，讓我好好休假啊！這也不對，那也不對，不如通通換成錢給我吧！

#休假 #年底 #背後中箭 #咻 #年假 #工作 #今天又是加班的節奏 #卻叫我休假 #是要我在家工作的意思嗎 #忍不住大爆笑

如同前文解釋過的，我們之所以不能在公司放心地表現出生氣的情緒，理由源於生存相關的不安感。假如自己忍不住生氣了，以後在公司就會變得前途茫茫，也就是說自己可能會從此變成待業者。假設你看到新聞連日報導失業率又創新高的消息，加上時不時聽到身邊有人因爲忍無可忍離職，結果一直玩到現在都沒找到工作的故事……，如果這時你身上還背著大筆學貸和卡債，然後還得每個月被房租追著跑，根本做不了自己。在個性古怪的上司和同事面前，就算想大喊「啊！」也會先一步因爲現實層面的考量與煩惱，而無法表現出生氣。

排擠

案例一）只歧視我的A

坦白說，我不知道爲什麼自己根本沒什麼值得別人羨慕的地方，卻會變成A的目標。A，是無時無刻都在針對我的人。放假後帶回來的伴手禮餅乾，唯獨不給我；重要的情報，唯獨不告訴我。幼稚到這種地步，我甚至覺得有點「可愛」。偶爾只有幾個人的公司聚餐，A也會因爲我說要加入而立刻垮下臉。你知道我也在聽到你要去的瞬間垮下臉了嗎？其實，我對A沒什麼特別的情緒，而是因爲A不斷做出歧視行爲才讓我有了情緒。不知不覺間，我連和你對到眼都開始覺得煩，雖然你也一樣啦……到底是什麼原因？

#職場人際關係 #累 #無理的攻擊 #如果是毫無理由的攻擊 #不如我幫你找個理由吧 #莫名其妙的你 #煩死了 #甚至萌生想離職的念頭 #今天又板著一張臉 #我也很討厭你

即使我們老是因爲無法表現出生氣而咬牙切齒，腦海中卻不乏痛快反擊的想像——暗自下定決心「總有一天全還給你」，或是「遲早讓你知道我也是會生氣的人」。問題在於，事情通常不會朝著自己盤算的計畫發展。因爲，對方也沒你想像的那麼簡單。你通宵準備的反擊計畫，往往就在對方不知道哪來的突發行動告吹。你只能暗自說著「啊……我沒想到要準備B計畫……」，甚至想不到其他話回應對方，最後只能邊踢著被子，邊打無辜的枕頭出氣了。

閒話

案例）閒話專家

在我們組裡，有個閒話專家。雖然我也有和自己合不來的人，但也不會想天天罵那個人。就算那些壞話不是對著我說，但用聽的也覺得很累。再加上，他的閒話對象不分職級，任何人的任何行動都可以成為閒話題材，不但光聽都覺得煩，「不讓自己成為閒話主角」這件事，更是令人壓力加倍。

#閒話 #閒話王 #夠了 #很累 #聽到耳朵都流血了 #今天的配飯小菜 #全世界的人都是口香糖 #通通讓你嚼個夠 #吃個飯也不敢中途離席 #想必我也會成為閒話主角之一

職場生活很無趣，再加上在職場要做的事大多都複雜、困難，實在無法讓人有辦法快樂得吹著口哨完成。即使偶爾還是有人能找到適合自己的工作，天天過著享受的生活，但工作始終是工作，多數屬於領月薪上班族的你我，只能默默去做公司吩咐的事。

置身如此無趣的環境，人們自然會想找些工作外的趣事。有辦法留在人類記憶的，不是類似的刺激，而是明顯得令人眼睛爲之一亮的刺激。當被要求記下「C、E、F、D、9、I、H」時，記得最清楚的通常是數字9。在一成不變的工作與相關資訊之外的其他東西，正是公司內流傳的「八卦」。只要自己不是八卦主角，那八卦無疑就是如沙漠般的職場裡的綠洲；不過，當自己變成八卦主角時，隨之而來的壓力可就不容小覷了。

假設你因爲不當待遇而對上司發飆了，那麼你的故事就會在剎那間經由公司群組和茶水間傳開。你不知道故事會被加油添醋到什麼程度，也不知道從哪個部門傳到哪個部門，更不知道要如何止住。怎麼樣？不覺得很嚇人嗎？

當面臨上述幾種案例時，你只能努力讓自己不要成爲主角。於是，比起引起騷動，你自然會選擇忍住不表現出生氣了！

對著世界大吼大叫——非特定他人

是否曾因陌生人冷漠的行爲或完全無法預測的反應，而陷入令人手足無措的情況呢？每當這種時候，你一定都會在心裡或是在沒人的地方，氣得大罵髒話、用些尖酸的言詞批判他們。然而，眞正的當事人卻僅是不發一語地低著頭。

大可不必因此自責。無論是什麼人，面對那樣的情況也都會選擇轉過身，而非理直氣壯地生氣。

不在意他人的行為

案例一）邊走邊抽菸？打你的後腦勺！

每次見到在路上邊走邊抽菸的人，我都眞心想「啪」一聲地打這些人的後腦勺。走路的時候，竟然還抽菸？是有這麼想害別人？我知道吸菸區很少，但也不代表不吸菸的人非得和你們一起吸那些廢氣。雖然當下就想發聲說些什麼（不，有時是想揍一頓），卻又擔心四下無人的環境反而被賊喊捉賊。也是啦，如果是能溝通的人，想必就不會大剌剌在路上抽菸了吧！

#邊走邊抽 #啪一下_打後腦勺 #憤怒 #味道 #二手菸 #對小孩_也很危險 #搜尋了一下邊走邊抽_結果_都是些怪東西

案例（二）在餐廳吵鬧的人

去酒吧時，偶爾會因爲心情瞬間被破壞而離開。原因在於，那些只要喝點酒就會鬼吼鬼叫的人。就算引起周圍的人側目，他們也不在乎。到底對社會有多少不滿，才非得用這麼多不堪入耳的話和髒話議論、批判。

唉……我不過是想到酒吧紓紓壓，爲什麼我的嗓子反而沙啞了？

#大叫 #大唱 #不滿 #噪音 #跟著_嘶吼 #突如其來的_高分貝

#恐怖片 #閃邊去 #不要再罵髒話了 #你有付店租嗎 #我就是有付店租 #而且是年繳 #押金十五萬月付一萬 #是說」下酒菜確實滿好吃的

案例（三）世上存在各式各樣的司機

世上存在各式各樣的司機。突然剎車的人、不打方向燈就超車的人、別人從剛剛就一直等卻莫名插隊的人、在路上蛇行般跳波浪舞的人等。雖然自動駕駛車還沒普及化，但我已經開始覺得讓機械負責「駕駛」應該會更好。而我正在想這件事的時候，那台計程車又……煩死了！

#開車中 #壓力 #特斯拉 # #伊隆馬斯克 #自動駕駛車 #快點上市 #不要再超車了 #你閉眼開車嗎 #打方向燈手指會斷嗎 #瞬間有種殺人的衝動

活在現代的人們，大部分都在忙著移動，尤其韓國人又很愛把「快點、快點」掛在嘴邊。因此，無論是面對把餐廳當自己家一樣吵鬧的人，或是在路上邊走邊抽菸的人、擦撞到肩膀一句道歉都沒有就走掉的人，最直覺的反應依然是繼續走自己的路。爲了避免遲到而狂奔、爲了怕錯過公車而加快腳步、工作累了一整天只想快點回家……。

你自覺已經因爲每件事都怕時間不夠而拚命掙扎的生活著，當面對激怒你的人時，根本也沒時間生氣、理論。「哼！煩死了！」留下些帶警告意味的簡短訊息再離開，或許是你以爲更聰明的選擇。

無法預測的反應

案例一）寧願走路，也不要搭計程車

不是全世界的計程車司機都很怪，只是自己已經不只一、兩次因爲無法預測立場的計程車司機而陷入不安。瘋狂讚揚與我立場不同的政治人物，或超速、坑酒醉乘客的錢，都是再平常不過的事。老實說，某種程度上，乘客的確是該接受「無法事先知道司機是什麼立場」這件事。但爲什麼每次搭計程車都覺得特別累？以後我會審愼思考要不要坐計程車，萬一要坐，想必也會戴上耳機假裝講電話。

#計程車 #壓力 #請不要向我搭話 #難道不能安靜開車嗎 #政治話題 #經濟話題 #朴X惠如何 #朴X熙如何 #零關心 #零興趣 #酒駕司機 #生命危險

案例(二) 酸民

他們讀過我的文章嗎？還是有閱讀障礙？兩種都不是的話，是需要地方抒發累積的壓力嗎？就算想著他們應該是有什麼其他原因、心理有什麼創傷，然後得過且過就好，但還是忍不住生氣。仗著匿名就亂說話，該叫承受這一切的人怎麼辦？實際面對當事人時，也能說出這麼惡劣的話嗎？看不下去的朋友建議我把留言存成ＰＤＦ檔，然後去警局報案。因爲這些已經不是適當的「批評」，而是「排泄」了。

#負評 #受傷 #天啊 #苦味 #存成PDF檔 #截圖 #問候父母親的親切感 #先照顧好你們自己的父母吧 #攻擊性

案例三）方便耽誤一點時間聊聊嗎？

「我被搭訕了?!」一轉頭，見到眼神呆滯的人呈兩人一組靠近。光是從兩人的裝扮，我就能確定他們一定是所謂的「奇怪宗教」。我長得很像冤大頭嗎？還是一臉看起來憂心忡忡？腦海曾閃過要使出吃奶力氣反駁他們言論的念頭，不過似乎有點浪費時間，再加上也怕會因此惹禍上身，還是視而不見就離開了。

#邪教 #都長得一樣 #你信教嗎 #你的面相很好 #有好好祭祖嗎 #祖先過得很辛苦 #那是祖先的事 #另一種層面的搭訕 #下意識拒絕了 #新林站2號出口 #江南站11號出口

有沒有想像過當你駁斥那些傷害自己的人時，他們會有什麼反應呢？想必不是什麼正面的反應，有時，甚至還能預想到更糟糕的結果。無論是面對做什麼都理直氣壯的人，或是用力擦撞路人肩膀也不懂道歉的人，都很難期待自己能出聲說幾句話要求對方道歉。萬一遇上了講不通的酒鬼或看起來性格固執的老人家、滿臉不耐煩的人，我們根本無法期望對方能道歉，甚至同理別人的不便。

當他們聽見駁斥時，要不是拿年齡當擋箭牌，反擊「你這個乳臭未乾的臭小子」，就是要求別人同理自己「你趕時間的時候難道不是這樣嗎？」用著令人深感荒謬的說法救援。每次聽見這些回答，不免覺得「既然我人比較好，就忍一忍吧」，然後索性選擇放棄才是上上策。

分散責任的效果

案例一）「霉體」的報導

網路媒體世界，戰火比春秋戰國時代來得更激烈。由於報導或文宣關乎自家廣告收入，各家新聞媒體都爲了提高點閱率不斷努力著。其中，最令我反感的是「一看就知道是故意要挑起口水戰」的那種報導。精通如何引起口水戰的他們，通常會使用「戰性別」、「不同於其他媒體的重砲寫法」、「明眼人都知道是拍不好的照片，還故意把標題寫成『女神』」等方法。他們不在乎報導的內容或素質，只要能引起公憤就好。因此，他們在乎的只有不擇手段提高點閱率。今天的我，又被失手點進去的報導搞得一肚子火。

#霉體 #報導 #今天又在騙點閱率 #負評滿滿的 #騙點閱率報導 #我記得記者的名字 #又是你 #管制一下吧 #個人看法留在日記本就好

案例(二) 有錢小罪

即使犯下了引起社會大眾公憤的案件，仍有一種人能躲過嚴懲。於是，我有時會覺得法律就像是爲了既得利益者們存在一樣。犯下傷天害理罪行的嫌疑犯，居然還能委任超過十位律師？像我這種人，如果發生什麼事，第一件事就是上網搜尋需要多少律師費，而對他們那種人來說，好像一點都不重要似地。用錢買回來的辯護權，總能讓他們得到比你我預計來得輕的代價。那些人，無論如何都能像通靈般找到讓犯人脫身的法律模糊地帶。這個國家，眞的存在正義嗎？

#雖然不是有錢無罪 #但有錢小罪 #財閥 #律師 #正義 #這次又緩刑 #早就知道了

案例(三) 遊戲開發公司明顯在搞鬼

團隊遊戲的問題在於，無論我做得多好，只要有一兩個豬隊友在就絕對贏不了。可能是莫非定律在發威，永遠只有我們隊有豬隊友。玩得不好的人，連嘴巴都髒得只會責備別人。我們隊會輸，就是因爲你。我封鎖了滿嘴髒話的你，然後默默按下檢舉鍵。跟你在一起的經驗覺得很髒，以後也別再見了。

#遊戲 #豬隊友 #豬隊友們 #不要罵髒話 #你玩得最爛 #遊戲開發公司反省一下 #爲什麼給我們這種隊友 #勝率50%的詛咒 #難道別隊除了吃飯都在玩遊戲嗎

在生氣中，也可見「分散責任效果」。所謂「分散責任效果」，指的是從事某種行爲的人愈多，就愈能減少該行爲所帶來的責任。當有人倒在人來人往的路中央時，願意上前幫忙的人反而比較少。原因在於，大家都想著「就算不是我，也一定有人會去幫忙」然後便離開現場；換句話說，就是「就算我不負責，也一定有人會負責的」。生氣也是同樣道理。面對做錯事的人之所以選擇沉默，正是因爲抱持著「總會有人替我出氣」的想法。然而，萬一沒人幫助倒在路中央的人，他有可能就此死亡。同理，當我不對做錯事的人表現出生氣，那麼他永遠不知道自己做錯事，也還會繼續做同樣的事。

無形的對象

案例）今天又是惡劣的霧霾

檢測霧霾的應用程式，今天又是黑色，也就是「惡劣」。「千萬不要外出」？我也不想外出。公司就要我出門，能怎麼辦？戴口罩，就要和口臭抗戰；脫口罩，就要和霧霾抗戰。爲了健康，我當然還是戴上口罩忍耐口臭。是說，爲什麼口罩這麼貴？口罩等級太低，又會失去意義。中國啊，拜託種點樹吧！

#霧霾 #口罩 #惡劣 #請不要外出 #口臭 #舒潔 #浪費錢 #買點金百利[6]的股票 #中國××× #請送我空氣清淨機 #絕對不是爲了在家烤魚 #拜託綠化

有時會遇到面對應該表現出生氣的對象，卻無法直接付諸行動的情況。世上存在著令人無法對「它」生氣的無形對象——我們被賦予的惡劣環境即為一例。無論你多拚命，除了神，誰也改變不了。

6　持續透過種樹、建林等活動，致力改善韓國霧霾問題的企業。

揭露防衛機制

如果對「表現出生氣」存有恐懼，並且習慣不斷逃避這件事的話，即表示已經啓動了防衛機制。既然如此，自己到底有什麼樣的防衛機制，才變得無法生氣呢？讓我們一一揭露藏於自己內在的防衛機制吧！

投射（projection）

「我沒事啊，爲什麼要生氣？」

無法接受自己生氣。防衛將自己因壓力與不安帶來的情緒、思想轉嫁他人。

否認（denial）

「他／她不可能對我這樣！一定有其他原因。」

封鎖生氣的原因，並藉由否認令人痛苦的環境或具威脅性的資訊，先一步從自己的不安逃離。

壓抑（repression）

「有人生氣？誰？我？」

不願意識化引起壓力或不安的想法、衝動，並無意識地忘記。

合理化（rationalization）

「絕對會有那麼做的原因。」

將不合理的態度或想法、行為合理化，並透過這份正當化獲得自我滿足。

理智化（intellectualization）

「想一想我爲什麼會生氣。不如先去書店買本書好了？」

為了避免具威脅性的情緒，開始用理智分析危險因素並否認壓力，嘗試以控制情緒的防衛機制取代產生情緒或衝動的感覺。

昇華（sublimation）

「好吧，今天是該去買點東西了！」

指稱比起生氣，反而選擇參與聚會，或為了轉換心情而做出消費行為。換句話說，這種防衛機制是將情緒轉向社會普遍能接受的想法與行為。

反向（reaction formation）

「我幹嘛生氣？買點酒一起喝好了？」

努力想對應該生氣的對象更好，想表現與行動的和所感受與期望的事完全相反。

轉移（displacement）

「就說了不關媽媽的事！我會自己看著辦！」

以其他對象取代與自己產生矛盾的對象。最常見的情況是，將無法對公司同事生氣的壓力和怒氣轉而發洩在家人身上。

退化（regression）

「一定是我做錯什麼才會這樣的……嗚嗚……」

不僅沒有適時的表現出生氣，反而還做出委屈哭泣等孩子氣的行為，像重新回到人類發育初期的模樣。

認同（identification）

「對！再打，用力打！對！很棒！」

像看著搏擊選手或電視劇主角一樣，投入比自己更懂得表現出生氣的對象身上。與「投射」相反，藉由他人的行為來滿足自己的不安或不足。

PART 2

先要了解「生氣」究竟是什麼，才能適當實行

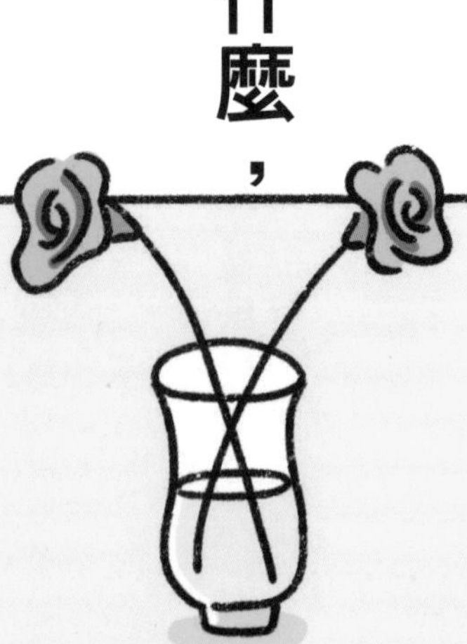

anger

第三章
生氣，你到底是什麼？

一般來說，我們會將「生氣」認知爲負面情緒。無論是憶及生氣的經驗，或是面對生氣的人時，總會先出現不自在的感覺。小時候，望著因爲我和弟妹打架而教訓我的父母，被他們臉上的表情嚇得情緒不安與發抖；看著因爲誤會而勃然大怒的朋友，悲痛傷心；聽著上司歇斯底里的咆哮聲，覺得壓力很大……基於這些經驗，我們開始有了「表現出生氣，只會讓問題變得更嚴重」、「不需要生氣這種負面情緒」的想法。然而，這一切都是源自於不了解「生氣」的偏見。

首先從何謂「情緒」開始

究竟爲什麼會有「生氣」這種情緒?假如我們是像AlphaGo一樣的存在，當對弈輸掉時，不是耐不住怒氣地飆罵、翻掉棋盤，而僅是不覺受傷也不覺生氣地說出「resign（放棄）」那當然很好。如果不生氣，理應能更專注地用理性的角度看待並解決問題。接下來，讓我們一起看看這個貌似完全不需要的「生氣」到底是什麼樣的情緒。

在弄懂這個名為「生氣」的情緒前，我們必須先了解究竟爲什麼會產生「情緒」。原因在於，生氣正是人類具代表性的情緒之一。所謂情緒，指的是在面對某種現象或事情時，隨之出現的心情或感覺。因此，被我們稱爲喜悅、憤怒、悲傷、快樂、恐怖、愛、嫌惡、憎恨、欲望的東西，也就是情緒。

然而，當我們提及「情緒」這個詞時，卻總給人負面的感覺，像是「你太情緒化了」、「你太容易被情緒影響了」、「你情緒控制有問題」之類的話。這些時候，大多只會聯想憤怒、悲傷、憎恨等負面情緒。在這些負面情緒外，其實我們同樣也能感受到喜悅或快樂、愛等正面情緒，可是卻沒有人會說「你太容易喜悅了，那是個問題」、「太愛快樂是你的問題」、「我好想控制喜悅」等。因爲大家認爲只有負面情緒才會造成問題。

既然如此，究竟爲什麼會產生情緒？大略可以分爲四種理論觀點去看所謂的「情緒」：演化論、生理學論、認知論、文化論。

演化論，是達爾文（Charles Robert Darwin）所主張的理論。達爾文認爲透過遺傳代代相傳的情緒，有助於在大自然的生存與繁殖。恐懼，又或者恐怖的情緒，是爲了提升人類面對猛獸時的存活率；欲望，則是爲了繁衍後代，促使人類尋找配偶的情緒。萬一沒有這些情緒，人類可能就會被其他生物吃掉，或是絕後滅種。此外，我們會爲了星期五晚上點的美味炸雞外賣而感覺喜悅、快樂，也是因爲新鮮且美味的食物有助於人類的健康，進而提高生存率。這種喜悅的情緒，誘導著人類持續尋找美味的食物。

生理學論，是威廉．詹姆斯（William James）所主張的理論。詹姆斯推翻普遍認爲的「先產生某種情緒後，身體才會有所反應」的觀念，主張是由身體反應促使情緒的產生。舉例來說，在身體瑟瑟發抖後，才出現了所謂「恐懼」的情緒。這種時候，我們會根據身體反應，選擇適當的情緒，因此偶爾也會連結至錯誤的情緒。最具代表性的，正是「吊橋效應」。

吊橋效應，源於美國哥倫比亞大學研究團隊針對十八歲至三十五歲的男性爲對象所做的實驗。在這項實驗中，將部分男性安排在極高且搖晃的吊橋上，而另一部分男性則被安排在堅固的橋上。女性研究助理皆會由橋的另一端走來，於橋中央向正在渡橋的男性提出問卷調查。

結束問卷調查後，女性研究助理將自己的電話號碼給每位男性，告訴他們若想更詳細地了解實驗內容，可以打電話詢問。實驗結果顯示，在吊橋上接受問卷調查的男性，有超過百分之五十的人打了電話，而在堅固的橋上接受問卷調查的男性，只有百分之十二點五的人打了電話。這項實驗的結論是：由於跨越極高且搖晃吊橋的人，會出現心跳加速的身體反應，因此才出現了對對方有好感的錯覺。如同吊橋效應所示，你我的身體反應會與某些情緒產生連結。

由古代哲學家愛比克泰德（Epictetus）主張的認知論，認爲是「認知」讓我們感覺到情緒。這項觀點，主要被使用於認知療法。根據一個人對控制特定事件的可能性，判斷是否會因此產生憂鬱的情緒。原因在於，藉由認知過程的變化，將會生成正面情緒。

舉例來說，當相親失敗時，多數人會將原因怪罪於自己身上，可能會認為「一定是我沒有魅力」而感覺憂鬱、難過，甚至自責，然後開始刪除相親相關的應用程式、拒絕朋友介紹的相親。可是，如果那個原因不是自己，而是對方或其他情況呢？那就不會感覺憂鬱或自責了。假如正在相親的時候，對方交往三年的「前任」突然現身，我們還可以做些什麼？想必是什麼也做不了。正如這種情況，世上有很多事是我們從一開始就無能為力的。像這樣轉念不僅可以減少一些對自身遭遇情況的躁怒，願意為了與自己更適合的人相遇，繼續積極行動的可能性也會隨之增加。

文化論的觀點，來自主張情緒是透過文化學習而來的瑪格麗特．米德（Margaret Mead）。舉例來說，雖然現在已經改變了許多，但在韓國，男生只要掉眼淚，大多會換來「不是男子漢」的評價。在這種文化之下，只要看到不去解決問題卻只會掉淚的男生，很容易就會出現負面情緒，而且還會生成許多與這種情緒相關的成見。即使多數都是具歧視性的言論，像是「男人就該像個男人」、「一點都不像個女人」等，對不同性別的行為存有期待或預測，因此當表現出來的行爲完全相反時，往往就會引起負面評價與負面情緒。

雖然到現在仍很難論定上述哪種觀點是正確答案，但我們只要知道目前存在多樣方式能接觸「情緒」就好。可以確定的是，情緒不是毫無意義，而是我們生存的必需品，也會在無意識間出現，更是經過思考的結果。這也是我們不能忽視自身的情緒，且應該了解爲什麼會出現情緒的原因。

生氣的定義與功能

「生氣」這種情緒同樣不會毫無意義地產生。根據《教育部國語辭典》的定義，「火氣」是指脾氣不佳，遇事容易動怒，所謂「遇事」是因極不合意或不悅的事而發出的憤怒。所謂不合意，指的是不合心意、不喜歡；至於不悅，指的同樣是不合心意、不喜歡。而憤怒正是因爲不合意與不悅所生成的不快情緒。如果重新整理一下字典的定義，所謂「火氣」就是因爲對某樣東西感到不合心意所產生的情緒。因此，可以依據「某樣東西」究竟是什麼來區分不同的生氣特徵。

舉例來說，當見到有人在虐待毫無力量的孩子等違反道德價值的反社會行爲時，隨之引起的生氣情緒，稱爲「公憤」；面對不公不義時的憤怒，稱爲「義憤」；還有另一種稱爲「恨意」的情緒，也都是源於生氣。

既然如此，生氣究竟是具備什麼功能的情緒呢？關於這個部分，主要可以分爲兩種觀點來探究。法國著名的精神科專科醫師兼心理學家弗朗索瓦·勒洛爾（François Lelord）在其著作《理性的情緒化：精神科醫師拆解七種支配生活的基本情緒》中，曾提到「憤怒」這種情緒有兩種功能：盡快進入備戰狀態，以及嚇阻對方使其卸除備戰狀態。

可以用憤怒這種情緒產生的生理變化來理解「盡快進入備戰狀態」這句話。生氣的人會出現肌肉緊繃的情形，尤其是手臂肌肉最爲緊繃，彷彿是要準備用雙臂的肌肉打對方般。雖然我們通常會把這股力量留到回家後才拚命揍枕頭……。此外，生氣的時候，末梢血管的膨脹也會讓人產生滾燙的感覺，以及呼吸變急促、心跳加速、血壓上升等。

包含你我訊息常用的貼圖，想起用來表現生氣模樣的東西時，最典型的就是生理出現變化的樣子。先是皺眉的表情搭配突起的血管，接著是頭頂冒煙或噴火；某些動態貼圖，還會搭配打碎某些東西的動作。

這些身體上的變化從很久以前就有了，也就是說，這麼做有助於人在面對其他動物的威脅或部落侵略。當人憤怒時，肌肉會開始緊繃且聚起強大的力量，在與敵人搏鬥後，贏得勝利並存活下來。

接下來要講解的「使對方卸除備戰狀態」，也和第一種功能有關。當生氣的對象見到有人用這麼可怕的表情怒視自己，加上氣呼呼握緊拳頭的模樣，自然會心生畏懼。因爲最先預想到的，是身體上的痛楚。無關對錯，透過這些行爲已能快速解決許多發生在人類社會的矛盾——感覺恐懼的一方，會先向生氣的人低頭。

對於生氣的功能，《憤怒的技術（When Anger Hurts）》的作者馬修．麥凱（Matthew McKay）持有稍微不同的見解。他認爲，生氣具有「中斷與紓解壓力」的功能。相較於上述介紹的「生存」功能，這項功能似乎更適合用來解釋現代社會的「生氣」。存活，對人類祖先來說固然是最重要的事，但現在的我們所面對的，無疑是比存活問題來得更多樣化的壓力問題。可以藉由生氣紓解的壓力，大致能分爲四種：痛苦的情緒、痛苦的感覺、挫折的激發、威脅等。接下來將一一詳細介紹。

第一，在我們生氣的同時，可以忘記數種源於痛苦情緒的壓力。所謂痛苦的情緒，包括不安、憂慮、喪失、憂鬱、創傷、罪惡感、羞恥、失敗感、無價值感等。試想那些抱著從前被分手的創傷久久不放的人；終於克服傷痛重新與人交往的他們，再次見到了分手的徵兆，此時，他們的內在又浮現出過去可怕的創傷。再次面對分手情況的他們，開始出現創傷、喪失、憂鬱、失敗感與無價值感等負面情緒，爲了擺脫這些痛苦的情緒，他們選擇對對方生氣——「你怎麼可以對我這樣？」的恨意，很容易就在這種時候出現。由於自己不想繼續感覺喪失感與失敗感的負面情緒，因此便將情緒的原因轉換成憤怒發洩在對方身上。像這樣的例子，正是我們藉由生氣擺脫負面情緒的方式。

除此之外，「拒絕」也是日常生活中很容易將痛苦的情緒轉換成憤怒的代表之一。在你我身邊，因爲對方不肯交往或要求分手而發生的暴力事件層出不窮。這類事件發生的原因固然有很多種，但主要原因還是「拒絕」。

根據研究，由於被拒絕的經驗會引起痛苦與挫折，並且造成傷害自尊感等多樣的情緒創傷，因此也有可能隨之出現憤怒與攻擊性。因爲很難克服被拒絕的瞬間所浮現的各種情緒，於是選擇將這些情緒轉換成憤怒。一般來說，因情侶關係產生的傷痛之所以會與憤怒有所關聯，其中原因也與這項過程相異不大。

第二，痛苦的感覺則包含壓迫感、身體疼痛、過分刺激、肌肉緊繃、疲憊、過勞等。周末早上在床上翻滾了一陣子後，因爲感覺生理上的壓迫而起身前往廁所，此時，腳的小拇趾卻撞上了床角，先是一陣劇痛，接著是煩躁與憤怒，甚至不由自主地飆出一大堆髒話，很自然便將身體上的疼痛轉換成憤怒。有時情侶間開開玩笑，因爲不小心弄痛對方搞得對方生氣的話，也請多多諒解吧！這不是因爲對方不夠愛自己，而是希望遺忘疼痛的自然反應。

第三，激發指的是某種行爲推動了情緒的力量。所謂挫折的激發，正是這股力量所引起的。好不容易到了苦等好久的紀念日，對方已經計畫好要去哪裡、吃什麼、買什麼禮物，然後如何度過這一天……，沒想到，這天的工作進度卻一拖再拖，甚至還得突然爲了「死線」在即的企劃案加班時，該如何是好？首先，原本要和情人共度美好時光的需求通通變成了挫折感，爲了完成企劃案，還被強迫和組員們一起熬夜奮鬥。在聽到加班決定後，大概就會立刻帶著喪氣的表情走上頂樓打電話給情人了。在致歉的同時，也會開始向對方發脾氣：「我也覺得很不爽、很煩啊！對不起嘛，唉……都是那個討人厭的組長！」挫折的激發，指的就是像這樣被強迫的感覺或被中斷的需求、要求等。

最後，「威脅」包含被攻擊的感覺、快窒息的感覺、被拋棄的感覺。當人類感覺生命受威脅時，便會產生極大的壓力。爲了消除壓力，也會將這股壓力轉換成憤怒。假如前文提及的生存功能，可以由生理變化看出端倪的話，那麼威脅指的則是心理變化。舉例來說，人會對在自己發文下寫些惡意批評的人生氣，是因爲感覺自己受到攻擊。被攻擊的感覺引起很大的壓力，而這股壓力必須藉由生氣紓解。一開始面對這些惡意的留言時，會試著情理兼備地反駁對方，然而，隨著雙方留言的攻防升溫，壓力也變得愈來愈大。邊生氣，邊紓解壓力……，一見到對方再次出現攻擊性時，壓力又開始增加。此時，以「算了，就當是我讓步給你這種可憐的人吧！」的念頭，停下留言攻防戰，好好回歸自己的幸福生活，才是比較明智的選擇。

生氣為什麼叫「生氣」

關於「生氣」的另一個大誤解，就是「生氣，一定會換來更多的生氣。」乍聽之下，好像是句正確的話。當負面的事情發生時，我們大多會把原因和「生氣」這個情緒聯想在一起。於是，「只要生氣，絕對會壞事」便成了再自然不過的走向。然而，並非每次都是如此，我們也曾因爲生氣而改寫歷史，進而獲得好處，甚至直到現在仍可以見到活生生的例子。

試想三一運動[7]與五一八民主化運動[8]。這些事件，是被什麼樣的情緒觸發？二〇一七年，手舉蠟燭湧進光化門廣場的人們，又是因什麼樣的情緒而開始有所行動？正是「憤怒」，也就是「生氣」。如果要替這些時刻的「生氣」

賦予更恰當的名稱，那就是「公憤」了。其實，生氣不是百分百只會帶來負面結果。生氣是認知當下情況不當的指標，同時也蘊含著希望改變現況的能量。人們對社會的運作方式感覺生氣，於是爲了改變世界，開始將怒氣化作能量。

在此向各位介紹一個藉由生氣改變世界的例子。凱拉西．沙提雅提（Kailash Satyarthi）是印度的兒童權利運動家，爲了讓所有兒童都擁有接受教育的權利而奮鬥，並且拯救兒童免受壓榨的他，最終於二〇一四年獲頒諾貝爾和平獎。

他在ＴＥＤ演講《想帶來和平，請運用憤怒的力量》（How to make peace? Get angry）中，提及自己見到因爲買不起課本而無法讀書的孩子們、因爲父親的奴隸身分而不得不被賣到私娼街的女孩們，而感到極大的憤怒。這股憤怒，讓他開始思考拯救孩子們的方法。於是，他著手舉辦反對童工的活動，並且寫了數千封信給政府與法院，前往位在數百個地方的村落，在各處貼上印有自己主張的貼紙。此外，他也藉由「反對強迫童工製作商品」的國際消費者運動，要求出口或進口地毯的企業必須標註「RUGMARK」，以示此爲沒有使用童工製作的地毯。終於，他將無數兒童從惡劣的勞動環境送回家裡。

在你我的身邊，同樣存在可以正面善用「生氣」的管道——青瓦台國民請願。其實，進入青瓦台國民請願的留言板看看，就能知道其中有多少因爲不合理的制度或社會現實、調查結果而產生的憤怒、委屈情緒。儘管偶爾會見到些玩笑似的留言，以及與事實太過脫離的內容，但是青瓦台國民請願確實能讓大家知道什麼事情正在引起公憤，是蒐集大眾聲音並將其推向改變的方法之一。因爲只要請願人數達到一定數量，政府就有義務必須做出正面回應。

看起來意志力不夠強嗎？

「我要報仇！」「我要毀掉你！」「我一定讓你後悔！」除了從這些話感

7 發生於一九一九年三月一日，爲朝鮮日占時期發起的獨立運動。不只是韓國近代史上規模最大的反日救民運動，抗爭浪潮席捲整個朝鮮半島，後也促使大韓民國臨時政府成立。

8 發生於一九五〇年五月十八日至二十七日，因事件發生在韓國南部的光州與全羅南道，因此又稱光州民主化運動、光州事件。爲民眾自主發起的抗爭運動，後遭當時掌握軍權的全斗煥以武力鎮壓，造成大量平民與學生傷亡。

覺到明顯的憤怒外，更能感受到另一件事——絕不放棄的意志。

生氣的另一種正面功能，正是賦予達成目標的動機。爲了報復輕視自己不會讀書的朋友而熬夜苦讀、爲了讓拋棄自己的前任後悔而費心裝扮等，都是源於想藉由改變自己的模樣給對方迎面一擊的心理。這種行爲的根本，正是來自「生氣」。

讓我們一起看看在荷蘭烏特勒支大學進行的實驗。這項實驗將說明「生氣」如何讓人變得想要更多東西。研究團隊會在電腦畫面上向受測者展示筆、杯子等普通物件的圖片。在展示各個物件前，會以快得難以察覺的速度閃過三種人臉，分別是面無表情的臉、生氣的臉、可怕的臉。

第一次實驗時，將會向每位受測者報告各自有多想要哪個物件。第二次實驗時，會讓受測者手握各自想要的物件，握得愈緊即表示想要該物件的可能性愈大。

實驗的結果很有趣。相較於面無表情的臉或可怕的臉，受測者更想要緊接在生氣的臉之後出現的物件。此外，也會更努力想要得到這項物件；簡單來說，就是會更用力握緊該物件。

參與這項實驗的研究員之一漢克・阿特斯（Henk Aarts）分析這個現象與進化有所關連。他表示：「假如食物不會讓人生氣或激發大家體內的攻擊性，或許大家早就餓死或輸掉戰爭了。」人類在工業革命前，總是在找糧食、競爭，唯有透過戰鬥獲取利益才可能生存。因此可以分析出「進化」是基於對某樣東西的憤怒，才造成人類更想得到它，進而採取實際行動。

有趣的是，當詢問實驗受測者「為什麼這麼努力想得到那個東西？」時，他們答的不是「因為生氣」，而是「因為喜歡」。另外，實驗也顯示憤怒會活化與正面情緒相關的左腦。藉此可以看出我們是從憤怒得到動機，而後積極地達成成就。生氣，並非只會造成負面結果，根據如何表現與如何善用，也可以產生正面的結果。

吼出生氣的聲音，然後做出破壞的行為？

一般來說，當我們提及「悲傷」的情緒時，會想到流淚和被憂鬱籠罩心情的模樣；提及「快樂」時，會想到微笑或大笑、提高音量、話變多等。既然如此，提及「生氣」又是如何？是否會想起朝著某人大吼、表情變得扭曲、亂丟東西，甚至毆打某人的畫面呢？就像電影中的浩克一樣。

通常心懷怒氣或生氣時，就會展現出這些模樣。不過，我們其實還有更多樣的方式體驗與表現憤怒。世界級的心理治療師兼暢銷作家貝芙莉．英格爾（Beverly Engel）在其著作《尊重你的憤怒》（Honor Your Anger）中，提到每個人都有自己偏好的生氣類型。有人會因小事大發飆，有人就算面對該生氣的情況也會一而再忍讓，有人看似忍耐卻用肢體表達憤怒。每個人偏好的生氣類型，可以分為以下幾種：

消極的生氣類型

被動生氣型

迴避矛盾的類型。不顯露自己的情緒與需求、不承認生氣，過度擔心表現出生氣後引起的結果。因此，明知道該生氣時，也會選擇迴避，或是為了安撫怒氣暴飲暴食、將應該對對方生的氣轉而發在自己身上。

被動——具攻擊性生氣型

表裡不一的類型。人前假裝不在乎並親切以待，人後展現攻擊性。爲了不想負擔工作而裝出無能、鬧彆扭的樣子。表面甜言蜜語，實際卻對對方生氣。

投射——具攻擊性生氣型

將自己感受的怒氣投射在對方身上。實際是自己對對方生氣，卻認爲是對方在對自己生氣的類型。

具攻擊性生氣型

做出傷害對方、讓對方有罪惡感的行爲。諷刺、羞辱、用刻薄的話批評或抱怨、威脅，甚至虐待。

積極的生氣類型

正面生氣型

誠實表達內心需求與情緒的類型。同時也會顧慮對方的需求與情緒，是高自尊感的類型。

反省生氣型

認眞花時間思考：「爲什麼會發生這種情況？」然後專注於「自己從這件事學到什麼？」「做什麼才不會再發生同樣的事？」

各位認爲自己比較接近哪種類型呢？其實每個人並不只偏好一種生氣的類型，也可能依不同的情境與對象而有所改變。舉例來說，就像在公司會因職員的身分而對同事和上司採被動生氣型，但面對家人或男/女朋友時，又會變成具攻擊性生氣型。

我是能忍到什麼程度的人呢？

在《尊重你的憤怒》中，貝芙莉．英格爾將生氣的類型分為外顯表現型與內在壓抑型。尤其是被動生氣型的人，多數屬於內在壓抑型。各位又具備多少內在壓抑型的特徵呢？

我是外顯表現型或內在壓抑型？

請勾選符合自身情況的題目	勾選
認為不表現出生氣較好。	□
多數時候會努力勸導自己不要生氣。	□
認為將生氣的事實告知讓自己生氣的人，是示弱的表現。	□
比起面對傷害自己或讓自己情緒受傷的人，更偏好得過且過。	□
無論怎麼想，都希望盡可能避免爭論或吵架。	□

對傷害自己或讓自己生氣的人隱藏不好的情緒。	□
不同意或經常懷疑自己是否有生氣的權利。	□
和其他人意見不同時，偶爾會覺得身體不舒服或感覺憂鬱。	□
比起面對爭執，更偏好假裝意見相同。	□
因為不知道對方會如何表現，所以常常忍住怒氣。	□
相信其他人都覺得自己很好欺負。	□
擔心自己只要開始表現怒氣，就會失去自制力。	□
很難找到紓解怒氣的方法。	□
當某人開始批評時，會全數接受並持續自責。	□
即使想和常生氣且會暴力相向的人結束關係，也會拖泥帶水。	□
恐懼實際的生氣或衝突。	□
有過被生氣的人進行身體上虐待的經驗。	□

如果以上題目多數都被勾選，即表示是能長時間忍住怒氣的人。

第四章

究竟為什麼要表現出生氣？

爲了徹底解決問題，必須先了解問題的原因。生氣也是一樣，必須先了解生氣的原因爲何。根據馬修．麥凱所言，「生氣」是因既有事件累積「壓力」後，才讓人「觸發思考」是否應該生氣的直接原因。所謂觸發思考，指的是因爲某種想法而引起的情緒或衝動。而這裡說的情緒，當然就是「生氣」。

生氣，又可以稱爲發火。沒有燃料或火柴，火是不會燃燒的。而生氣的燃料是壓力，火柴是觸發思考。一般來說，當我們感覺幸福時，並不會生氣。當期待許久的事情終於有了好結果，心情正處於快樂的狀態時，就算出現什麼令人生氣的事，很容易就會寬容以待，而不是選擇生氣。相反，若是長期處在高壓狀態，只要某人對自己稍有失誤，也會立刻勃然大怒。既然如此，那觸發思考又是什麼呢？

必要病與理所當然的思考模式

讓我們生氣的觸發思考之一，正是「必要病」。認知行爲療法的權威拉法葉．桑當德魯（Rafael Santandreu）在其著作《還好，我們可以練習快樂》中，主張必要病是引起精神疾病的要因。

一般來說，我們會在面對特定事件或想法時，按照不同的表達方式感受其輕重或喜好程度的不同。當結束戀愛關係時，我們會用「戀愛失敗」來表達。在這種情況下，成爲戀愛失敗者的我們，自然無法正面看到自己，往後也免不了對戀愛關係變得卻步。相反，如果我們改用「緣分到此爲止」來表達呢？那麼，我們會爲了新的緣分做好準備。因爲和這個人到此爲止，代表的是要和另一個人重新開始。

「必要」這個單字，指的是「必須的要求」。由必須的「必」，要緊的「要」所組成的必要，雖是我們常用的詞彙，其中的意義卻相當沉重。因爲如同前文所述，這是「必須的要求」。即使每次使用「必要」時，不會想起「必須」這件事，卻也對我們的思考產生不少影響。因此，當我們對某件事加上「必要」時，自然就會想到「最好有，或者一定要有」。

各位的生活，有什麼是必要的呢？不如換個方式問吧！各位「生活必要」的東西是什麼？食物、水、安樂窩。想必沒有人會不同意這三樣東西。然而，這裡指的食物，是由五星級飯店的主廚烹調的食物嗎？這裡指的水，是法國產的evian礦泉水嗎？所謂的安樂窩，是Tower Palace的最高樓層嗎？大概沒有人會答「是」。只要有營養含量最低的飲食，以及室內溫度不至於讓人冷死的屋子，想必就能得到多數人的同意。因此，這些東西顯然才能說是我們生存「必須的要求」。

我們並非活在需要憂慮生存問題的時代。因此，詢問「想活得快樂，需要什麼？」的情況，遠遠多於「想生存下去，需要什麼？」面對這個問題，韓國人的回答又是什麼？答案想必是：優異的成績、高價車、名牌、自己名下的房子、男/女朋友、穩定的工作等；另外應該也囊括了健康的身體、堅強的意志、成就感、自我成長的感覺、不錯的人際關係、充分的閒暇時間等。

人生在世，總是期待與渴望著許多東西。於是，才會為了得到這些東西而不斷努力著。這些時候，無非是奠基於「只要獲得這些東西，就會變得快樂」的信念。實際上，擁有這些東西，產生正面情緒的可能性確實比較大。

然而，問題在於想得到這些東西很難，就算得到了，想要持續擁有也各有難處。而多數的我們卻依然認為「這種程度算基本而已吧？」說得就像這些東西是生存必須的要求一樣，同時甚至還會加上「當然」、「別人也……」等。根據桑當德魯的主張，人類普遍的「必要」如下：

- 為了讓心情變好，做些了不起的事
- 讓自己時刻維持著自在感
- 紓解自己身上的壓力
- 總是保持健康
- 不感到寂寞或倦怠
- 有效率地工作

・對人友善

好，讓我們想一想。這些東西眞的必要嗎？也就是說，這些都是必須的要求嗎？萬一沒有的話，該怎麼辦？我們眞的會活不下去嗎？

就算不做什麼了不起的事，我們也能讓心情變好；承受一些壓力，也能好好生活；不友善的人，反而在社會上活得愈好。當難以得到或維持的東西加上「必要」二字時，人就會因爲得不到或無法維持而對自己生氣，嚴重的話，還會陷入自責與無力感。

現在不妨讓我們看看擁有「必要病」的人究竟是什麼樣的思考模式。

我必須讀好學校。（必要病）

→爲什麼我讀不了好學校？（不滿足的必要）

→爲什麼我做不到？是因爲別人在讀書的時候，我沒有讀嗎？（自責）

→對自己的愚蠢感到生氣。（憤怒）

是不是很熟悉的思考模式呢？你我都會像這樣，因為認為某樣東西是必要，而將沒有它的狀態認知為負面，然後開始怪罪自己或環境，甚至生氣。

接下來，輪到探討「義務性思考」了。所謂「義務」，指的是「應該或必須做的事」。至於「義務性思考」，只要將其理解為「當然要這麼做才行的思考方式」即可。雖然廣義來說，義務性思考也算必要病的一種，但必要病主要是當自己少了「必要」的某樣東西時，會對自己感到憤怒，而義務性思考則大多會將怒氣轉向他人。

根據馬修．麥凱所言，義務性思考指稱「人擁有應該如何行動，以及不應該如何行動的思考方式」。從一般常識到個人獨有的規矩或準則，每個人都有各種屬於自己的義務性思考。義務性思考常與「當然」、「一般來說」、「只要是人」、「照常理來說」等詞彙搭配使用，且有愈長大愈強化的傾向。

舉例來說，對於在路上邊走路邊抽菸的人生氣的原因，正是在於對這件事存有義務性思考。以下讓我們一起看看擁有義務性思考的人究竟會怎麼想。

不該從事只顧自己而讓別人受害的行爲。（義務性思考）
↓那個人完全不在乎別人受害，才會邊走路邊抽菸。
↓明明不該這麼做，他卻還是做了。
↓照常理來說，明知道會影響別人，爲什麼還要做呢？
↓吼！好生氣！（發飆！）

弗朗索瓦．勒洛爾認爲「相互性」，是義務性思考中最易觸發怒氣的代表。大多數的我們都希望能以自己對待他人的方式得到同等尊重，面對共同利益時，也期望他人能和自己付出同等努力。然而，當認爲他人沒有相互性時，自己就會開始生氣。這個部分，與大腦中的島葉（Insula）領域有關。島葉原本是在見到令人反感的事物時會變得活化的領域，後來發現在社會上接受到不當待遇時也會變得活化。

舉例來說，和幾個人一起做小組作業或報告時，大家都會生氣那個老是找各種藉口，什麼事都沒做的組員。原因在於，對方明明沒有與自己付出同等努力，卻能得到相同的報償。這顯然就是「不當的待遇」。

生氣的過程

現在對生氣的燃料與火柴有多少了解了呢？接下來，將以此爲基礎，繼續爲大家整理出生氣的過程。

• 情況

因爲一直支持的棒球隊回到主場比賽，所以決定到現場看球。

• 燃料（平常累積的壓力）

因爲交報告的期限快到了，所以充滿不安與擔憂。

因爲買不到票，所以買了很貴的黃牛票。

從第一局開始，隊上的王牌投手就被對手打爆，足足丟了十分。

身邊的球迷，邊罵邊大聲加油。

• 火柴（觸發思考）

「比賽打不好，就該快做些改變。」（義務性思考中的個人獨有準則。）

• 點火

比賽打不好，總教練卻什麼也沒做。

• 發火

「喂！混X！你是腦袋有裝東西的總教練嗎？狀況不好，就該想說快點換投啊！唉……還有那個投手，你拿那麼多薪水，還每天只會挨打嗎？」

「喂！叔叔，我也是有付錢買票來看球的，你從剛才開始就一直很吵耶！請不要干擾別人！」

平常在公司累積很多壓力的A，爲了紓壓前往棒球場。一心期待著要靠支持的球隊贏球，來幫助自己釋放壓力。然而，由於買不到票，不得不用高價向黃牛買了很貴的票。不同於出發時，開始陷入煩躁的狀態。比賽終於開打，拚命爲球隊加油的A，因爲坐在隔壁的叔叔不斷大叫大唱和罵髒話而感覺壓力（到此是生氣的燃料）。

如果比賽打得好就算了，偏偏支持球隊的投手從一開始就被對手的打線打爆，於是，壓力開始急速飆升。到了第三局，已經掉了多達十分，腦海開始浮現「比賽打不好，就該快做些改變。」的想法。（到此是生氣的觸發思考。）

可是，總教練卻紋風不動，看起來也沒有要動用牛棚投手的意思。（很搧風點火吧？）終於，A爆發了。

「喂！混X！」（發火）

讓我們再看看另一個例子。人與人間的矛盾，以及因此衍生的憤怒，很容易起因於雙方不同的義務性思考。當A與B認爲的義務不同時，A與B就會向彼此搬出「當然」這個詞，並且對對方的行爲與想法感到生氣。

認爲平常工作時就該好好專心的A，與認爲和情人常連絡很重要的B，因爲彼此的義務性思考不同而出現爭執。儘管A與B都用了「當然」，雙方的想法卻不一樣——「在公司的時候，當然要專心工作」對上了「每次想到情人的時候，當然就要聯絡一下」。當雙方的義務性思考相差太大，且兩人都拒絕修改時，唯有結束關係才是對彼此精神健康有益的方式。否則的話，這對情侶每天只會不斷經歷生氣與消氣的無限輪迴，遑論享受戀愛了。

煩躁與生氣有什麼不同？

「啊！眞的很煩！」

「啊！眞的很生氣！」

這兩句，都是你我平常常說的話吧？只是，煩躁與生氣有何不同？想必大家都會同意兩者是屬於同類型的情緒。不過，我們使用這兩句話時，卻是明顯不同的情況。

煩躁：由於不合心意而發脾氣的行為或性情。

如果單看字典的釋義，把這個字換成「生氣」似乎也沒什麼太大差異，因爲生氣同樣也是因爲不合心意而發脾氣的行爲。不過在日常生活中，煩躁與生氣卻不會用作同樣意義。接下來，讓我們用不同方式分析「煩躁」這種情緒。

第一，我們可以將煩躁視爲生氣前的情緒。舉例來說，當自己正專注於某件事時，坐在身旁的朋友卻不斷和自己開玩笑、妨礙注意力集中時，就會覺得很煩。當自己已經要求對方停止，他卻繼續不停地開玩笑。一次、兩次就算了，持續下去的話，原本的煩躁就會變成生氣，進而強烈地向對方表現出這種情緒。這種時候，可以將煩躁看作生氣的前個階段。

第二，如果說生氣是由必要病與義務性思考觸發的「必須做~才行，卻做不到，覺得怎麼可能」的感覺，煩躁則比較接近「想做~卻做不到，覺得可惜」的感覺。試著想像一下爲了返鄉，坐上客運的情景。由於車程得要兩小時以上，於是計畫邊坐車邊看書。客運出發後，拿出了一直想看的書準備閱讀時，坐在隔壁的情侶卻不停聊天，該怎麼辦呢？因爲清楚知道客運沒有規定車內必須安靜到不能發出任何聲音，所以也不能生氣，但做不了自己原本想做的事，就會讓人感覺煩躁。

第三，煩躁是會受身體狀態影響的代表情緒之一。以女性的情況來說，可見於生理期症候群的共同特徵——不安、憂鬱、煩躁。由於對負面事件的敏感度會比平常來得高，因此也會變得更容易感到煩躁；再加上，當身體感覺疼痛或狀況不佳時，也會出現類似情形。這些情況，是因爲身體變得敏感導致壓力敏感度提升，而非起因於必要病或義務性思考。

受傷的內在小孩

相對來說，生氣的燃料與火柴的部分，與過去的事件比較有關。然而，我們偶爾也會在常理完全無法理解的情況下，因爲一句眞的很微不足道的話而過度地受傷、生氣。這些時候，往往是起因於過去的受傷經驗，而非近期累積的壓力。換句話說，也就是來自「受傷的內在小孩」。

首先，必須先理解「內在小孩」這個概念。《療癒內在小孩的創傷》的作者兼內在小孩治療專家瑪格麗特・保羅（Margaret Paul），將內在小孩定義爲「在我們的人格中，最脆弱且最容易受傷的部分，也是最重視情緒的直覺本能」。也就是說，內在小孩是你我的原始模樣，以及最核心的自我、與生俱來的人格。簡單來說，可以理解爲「像個容易受傷的小孩的，我的另一面」。

我們在父母的養育之下成長，通常得面對一些危機。這些危機往往來自於仍是小孩的我們必須過著完全依賴父母，而無法自行選擇人生主要方向與行動的緣故。想必大家多少有些——父母將自己放在陌生的地方遲遲不回來，或是明明沒做錯事，卻被要求和兄弟姊妹一起接受懲罰、道歉——之類的記憶。

如果當時身邊的人沒有好好顧及這些創傷，創傷非但不會消失，還會原封不動地留在我們的內在，內在小孩會在受傷的狀態下成長。儘管隨著年齡增長，記憶會被稀釋或忘卻，但深刻的受傷記憶有時也會變成疤痕。一旦置身於某些會碰觸這些疤痕的狀況時，我們就會重新被籠罩在當時的負面情緒中。

我們以小時候因爲父母沒多做解釋就把他留在阿嬤家後離開，而感覺極度失望與受傷的A爲例。A面對自己最信任的父母拋下自己離開，因而受到很大的衝擊，不但悲傷、難受得哭了，還憂鬱了很久。

隨著A的年紀愈來愈大，當他開始與自己喜歡的異性交往時，該名異性朋友某天卻在沒說明是什麼原因的情況下聯絡不上。此時，A不知不覺間重新想起過去的創傷，當時的情緒也跟著再度襲捲而來。不安、恐懼、怨恨、悲傷、憂鬱等情緒，忽然同時衝了出來，觸發自己創造「如果愛一個人，就不該棄之不顧」的義務性思考。於是，隨著時間流逝，A開始對做出與這個義務性思考相反行爲的對方生氣。A透過不斷打電話、傳些充滿怨恨的訊息等方式表現自己的怒氣。

事實上，對方只是因爲突然有重要的事才暫時聯絡不到人，A的激烈反應，令對方感到相當驚慌，即使對方後來清楚交代了始末，A仍不肯輕易消氣。面對A不理性的生氣，對方感到驚訝與失望，時間一久，A開始後悔自己過度地生氣，也氣那個創造出這段過程的自己。然而，當A再次遇到類似情況時，依然又會完全陷入負面情緒，並重複做出一樣的行爲。

各位是否也曾試過在其他人都能輕鬆以待的特定情況中，突然感覺不安，並且在情況沒能迅速解決時生氣呢？如果有，或許原因就是來自各位的內在小孩受過的傷。

難道我有人格障礙？

雖然我們平常常提起「個性」這個字，真的要定義何謂個性時，卻又很難。個性，或是人格（personality），指的是某個個人特有相對固定且可被預測的整體行動與思考方式、情緒傾向。舉例來說，當說起「A這個人喜歡獨處」時，即表示基於對這個人可能的行動做出預測，也可以說成「A是喜歡獨處的個性」。

然而，所謂「人格障礙」，指的則是「個性傾向比一般人呈更偏斜的狀態」。一般來說，人可以喜歡獨處，可以喜歡和別人相處，當然也可以兩者都喜歡。可是，假設極端地「只」喜歡和別人相處，便是呈偏斜的狀態。如果有人認為自己「獨處時會感覺極度不安，絕對活不下去，一定要有人陪伴」，那麼就能視為是一種人格障礙。每個人都有部分的人格是呈偏斜的狀態，但程度若是已經嚴重到像以下的例子時，會建議大家諮詢精神科專家。

自戀型人格障礙

擁有自戀型人格的人，堅信自己較他人來得優秀，且他人必須格外重視自己。因此，一旦認為他人沒有特別關注與禮遇自己時，就會開始生氣。

偏執型人格障礙

偏執型人格障礙，指的不是影劇作品常用的「編輯[9]」，而是「固執於某種偏見」的意思。過度固執於自己獨有偏見的人，即可視作擁有偏執型人格障礙的人。擁有偏執型人格障礙的人認為自己隨時處在受威脅的狀態，因此要時刻保持警戒。問題在於，這份警戒心會延伸至對他人的不信任。這類人經常會因為堅信自己受到周圍的人攻擊而生氣。如果動不動就感覺別人老是在做些惹自己生氣的事，或許就要懷疑一下自己是否有偏執型人格障礙。

強迫型人格障礙

所謂強迫，指的是因執著於某種想法或情緒，而感覺心理受到強烈的壓迫，也就是「強烈的壓迫」的簡稱。一般來說，過分要求乾淨的人，或事事追求完美結局的人，就會產生對整潔或事情必須有好結果的強烈壓迫感。當擁有這種人格障礙的人，遇上妨礙自己完美計畫的事，或嘲諷完美主義的人時，就會生氣。

9 韓文中的「偏執」與「編輯」同字，指稱剪輯。

邊緣型人格障礙

邊緣型人格障礙，只要有人越界，就會出現態度驟變的情況，展現出相當善變與極端的樣貌。擁有這種人格障礙的人，對他人的評價常往返於兩極間，且情緒起伏極大。結交朋友或戀人時，會在迅速拉近彼此距離、顯露極端親密感之際，突然又對對方很冷淡。這類人會反覆做出因抱持過度期待接近某人，又在不久後對對方感覺失望、怨恨、遠離的極端行為。

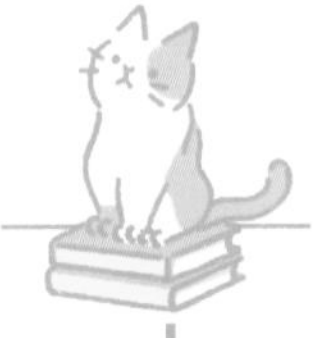

第五章

所以要生氣嗎？還是不要？

至此，各位已經了解了生氣究竟是什麼，以及爲什麼我們會生氣。生氣，是由於不滿某人或某事所產生的情緒，觸發了內在沒有被治癒的創傷，或是必要病與義務性思考；生氣，不僅讓爲了生存的我們進入備戰狀態，也幫助中斷與紓解我們累積的壓力。不要老是將生氣與負面畫上等號，生氣是能推動社會改變的能量，也是能促進自己改變的強悍意志。

既然如此，現在我們還剩下一個最重要的問題——要表現出生氣嗎？還是不要？我想針對這個問題做出回答：

「一定要表現出生氣。」

生氣的時候，就該表現出生氣。爲什麼呢？

累積的話，會爆炸

在某種層面上，生氣與能量的概念一樣。如果無法透過適當管道發洩，放任它不斷累積的話，終有一天會以預料外的方式爆發。爲大家介紹一下在「八點檔連續劇」常出現的場景。老闆的兒子對上了年紀的父親說：「無論爸爸怎麼反對，我都要和這個人結婚。」老闆震怒說完：「你……你這個臭小子！是我把你養大的！啊……」後，抓住自己的後頸昏倒在地。所有人都跑了過來，並大喊：「老闆！」

很熟悉吧？在這個場景中，老闆抓住自己後頸的原因，極大可能是因爲高血壓之類的心血管疾病。生氣的人，腸胃會出現間歇性的緊縮，以及胃酸分泌增加的情況。假如各位是飽受慢性胃炎與消化不良問題折磨的人，解決不了疾病的根本原因可能就是來自怒氣。

不過，當然也不能單純因爲身體的問題就定時生氣，而是說當我們過分忍耐時，反而常會讓問題變得嚴重。情人間因爲對彼此不滿的部分長期睜一隻眼閉一隻眼，卻在一次爆發後導致分手；與上司長久以來累積的矛盾，因爲一次爆發後，就在毫無準備的狀態下離職；因爲忍受不住長期的校園暴力或家庭暴力後，被害人突然對加害人揮刀的新聞也時有所聞。

如果像這樣一而再地忍住怒氣，忽然一瞬間爆發的話，對自己和周圍的人造成嚴重傷害的可能性很大。萬一累積的怒氣沒有對外，而是對內，意即對著自己發洩時，便有可能演變成嗜睡症與憂鬱症；當情況加劇，甚至可能嘗試做出對自己生活造成傷害的自殘或自殺行爲。無論是對內或對外，累積的怒氣會嚴重破壞生活的舒適度與幸福感，並造成許多不好的影響。這正是爲什麼我們必須在生活中適度表達憤怒的原因。

持續的好意，只會被當作權利

「持續的好意，只會被當作權利。」這是演員柳承範在電影《不當交易》中的經典台詞。當一個人習慣了別人的好意，便很難再對此抱持感激。假設各位不是時刻敏銳地對他人好意做出反應的人，在某種程度上，也算是過著享受

「權利」的生活。

舉例來說，試想因爲朋友總是先聯絡我，所以自己就不曾先聯絡朋友的情境。對於這種相處方式，朋友既沒有表達太大的不滿，而自己也覺得很自在，勢必就沒有想改變既有情況的念頭。由於不認爲每次都由朋友先聯絡有什麼問題，自然也不會對此感到抱歉。

並非因爲我們是多自私的人才會這麼做，而是面對對自己有利的情況時，即使不特別強調「權利」一詞，也會欣然接受。再加上，如果對方沒有表現自己的不悅，當然也不會想到這種方式是否會令對方感覺不適。

舉例來說，試想因爲自己平常沒特別想吃的食物，所以總是交由朋友選擇的情境。一開始問過自己「有沒有想吃什麼？」的朋友，反覆聽了幾次「我沒有特別想吃什麼，就吃你想吃的吧！」後，便不再詢問，索性將此當作常態。

然而，你有天偶然在電視上見到某個吃美食的畫面，突然很想吃到那樣食物。當自己一心想著「每次都跟著朋友的意見，今天輪到吃我想吃的東西」時，朋友卻如常地決定好要吃他想吃的東西，自己當然很生氣。可是，這是因爲朋友做出「就算問了，也是得到一樣答案」的判斷後，才沒有詢問自己的意見，更不認爲這會是什麼大問題。

如果沒有表現內心的不悅，毫無察覺的對方只會重複同樣的不當行爲。當對方做出同樣的不當行爲一、兩次，基於體諒的心態，我們大多會選擇得過且過。不過，由於對方不知道該行爲會對我們造成傷害，便開始不斷地重複。因此，一旦我們對對方的行爲感到不悅時，就該適當表達自己的不悅，有時也該表現出生氣的態度。

生氣，不僅是爲了向對方傳達「我的好意，不是你的權利」，也是在雙方毋須完全斷絕往來的前提下，讓對方知道應該停止該行爲的最佳方法。儘管有人覺得就算不生氣，也能透過表情、語氣、行爲等方式，向對方表達自己的不悅，但大多數的人根本不明白。唯有向對方表達憤怒，並明確告知能接受的底線到哪裡，才能讓自己不必再經歷同樣的不悅。

沒有體貼自己

或許，大家認爲忍住怒氣是一種對他人的體貼；一種「與其大小事都要與人爭執，倒不如忍下來，只要不對對方表達不悅，事情就能順利進行」的體貼。不過，其實大家根本不是個體貼的人，甚至可以說一點都不體貼。

你說我不體貼誰？
就是不體貼各位自己。

換句話說，大家正在做的，不是體貼的眞正意義。如果各位是經常站在體貼別人立場的人，請試著回答下列問題：

我正在做的體貼，
是出於「甘願的心」，做著「自己想做」的體貼嗎？

還是，

出於不安與恐懼，做著「應該要做」的體貼呢？

主張忍住怒氣是體貼的人，內心所想的比較接近後者。這些人不是因爲眞的想體貼別人才忍耐，而是將不想破壞和對方的關係、依循長久以來的相處模式等，視作一種體貼。

各位那不是體貼的體貼，確實讓某些人感覺到自在與幸福。可是，各位本身又是如何呢？各位是否充分地體貼自己，並從對方身上得到充分的體貼呢？這裡說的，不是要各位立刻停止對他人的一切體貼，變成一個自私的人，而是希望各位想想最該被好好珍惜的人是誰。我的體貼，必須把「我」放在第一順位，把對方放在第二順位，萬一連我都不體貼自己，免不了會傷了自己的自尊感。當在與對方的關係中，自己的內心與情緒總是遭受無視時，很難不會覺得自尊感低落。所謂體貼別人，是在充分體貼自己後，自然地浮現「現在也可以開始體貼別人」的想法。如此一來，自己體貼別人的心也才會變得自在。體貼，不是在不體貼自己的前提下，將對方視為首要順位的行為。

提升自尊感的方法：表現出生氣

自尊感，是感覺自己是有價值的存在，認知自己是不錯的人的核心。自尊感低的人，多數是因為從小生活在很難被視為「不錯的存在」的環境。其中存在數種原因。

小時候，我們不得不將自己的生殺大權託付給父母。因為一個嬰兒，是不可能靠自己活下去的。為了生存，孩子將自己的父母理想化，並渴求來自他們的愛。孩子將父母理想化的原因在於，假設把父母想成是差勁的人，是隨時會離開自己的人，那麼孩子自然會承受無比的壓力，且時刻籠罩在不安感之下。

然而，父母並不是理想的存在。舉例來說，假設父母責備孩子是因為沒有按時餵飯，讓餓肚子的孩子大哭而影響他人時，孩子會陷入混亂。「我明明是因為肚子太餓才哭的，父母不但不懂我的痛苦，反而還生氣，罵我不該哭」，結果，孩子開始認為自己不被愛。只是，孩子不會認為是父母的錯，反而將一切原因轉向歸咎在自己身上。

在成長過程中，反覆經歷幾次同樣情況的孩子，容易在開始一段關係時，將發生在自己身上的所有事情歸咎於自己。當問題發生時，常會想著「只要我改變就可以」、「只要我努力就可以」。即使有時可能是環境因素，有時可能是他人的錯，卻因爲沒有試過在別人身上找出問題的原由，並順利解決矛盾的經驗，才會選擇不斷怪罪自己。老是將「我」視爲所有問題原因的人，很難會覺得自己是個不錯的人，也因此演變成自尊感低落。

既然如此，該從何開始改變呢？

可以試著從對父母生氣開始。根據《心理學，就拜託自尊感了》的作者史蒂芬妮．史塔爾（Stefanie Stahl）所言，孩子爲了讓自己成長爲獨立個體，必須具備適量的攻擊性。這種被稱爲「分離攻擊性」的東西，也就是當孩子爲了與父母分離，必須藉由生氣達到獨立的目的。

爲了什麼而生氣呢？爲了父母過去讓我感覺自己很不完美的糟糕經驗，以及價值觀的偏差；爲了父母總是拿我和其他兄弟姊妹比較，讓我覺得自己不好的教養態度；爲了父母不明白我只是喜歡獨處，卻老是批評我既不懂社交，又沒朋友；爲了父母只顧著要求我做應該做的事，而不是我想做的事，然後又不肯聽我的眞心話。在我們對父母表現出生氣的同時，才能開始擺脫父母的價值觀。

前文曾提過，我們在關係中產生矛盾的理由，是來自彼此擁有的義務性思考不同。這種義務性思考，可以視作個人的價值觀。對自己過往受到父母不當對待的經驗生氣，意味著向父母宣示與他們不同的「自我價值觀」，同時也是強化自己價值觀的過程。從「表現出生氣」開始，正式讓「我要過自己的人生」變成可能之事。

請不要再遵循父母的價值觀生活了。即使父母確實用心養育了我們成長，卻也不可能百分百理解早已改變的環境、你我的性格與喜好。遵循父母而非自己的價值觀生活，就像穿著不合適的衣服，總是令人感覺不自在、不安、不滿意。父母終究是希望我們過得幸福的，因此，假如配合父母的價值觀生活是條讓自己「變得不幸」的路，希望大家勇敢地生氣、爭執。當我們過著屬於自己的人生，並且讓父母見到我們幸福的模樣時，最終他們還是能明白的。因爲，始終沒有父母贏得了孩子。

與其恐懼，生氣更好

面對具威脅性的情況時，我們存在兩種選擇：對著眼前的情況生氣與衝突，或畏縮與恐懼。選擇哪一種，才會有助於你我的人生呢？

卡內基美隆大學的心理學家珍妮佛．勒納（Jennifer S. Lerner）博士與其研究夥伴，針對發生於二〇〇一年九月十一日的恐怖攻擊事件做了一份相關研究。勒納博士在恐怖攻擊事件發生後的九天內，蒐集了一千七百八十六位受訪者對於該事件的情緒、恐懼、壓力程度、報仇的渴望等關於心理狀態的資訊。接著，又於兩個月後，從中隨意挑出九百七十三位受訪者，向他們展示與恐怖攻擊事件相關，且會引起恐懼與憤怒的情境。研究結果顯示，在面對與恐怖攻擊事件相關的二十五種威脅時，相較於感覺恐懼的受訪者，表現憤怒情緒的受訪者顯得更樂觀，且能做出更爲實際的評論。基於這項實驗結果，可以得知透過生氣的情緒，能幫助我們的心理獲得應對威脅的力量。

遭遇像恐攻如此重大威脅的經驗固然罕見，但有時我們確實也會感覺生活受到威脅——開車時，或置身需要衝突的情況時。這些時候，對著自己面對的情況生氣（以適當的程度），比害怕得瑟瑟發抖來得更好。透過生氣的情緒，可以促使我們做出更實際與樂觀的計畫。對著總是令自己難受的人際關係生氣，獲得重新開始新關係的能量；對著在公司事事針對自己做出人身攻擊的主管生氣，藉此獲得做好準備離職的能量。

為什麼他們要攻擊我？

關於生氣，有幾個重要的問題。

「為什麼他們要對我生氣？」

「為什麼他們要攻擊我？」

這裡指的程度，當然不是對方對自己的不小心，或是不夠細心體貼的程度，而是刻意的攻擊。

起初受到攻擊時，或許大家都會這麼想：

「我做錯什麼了嗎？」

「我做過什麼傷害對方的事卻不自知嗎？」

這種可能性也是存在的。如果是這樣，對方的攻擊便是正確，而我們只要道歉就好。然而，若是怎麼想都想不到自己究竟對對方做過什麼錯事，對方卻明顯地帶著敵意，並且做出直接或巧妙地以影射的方式攻擊時，極大的可能是來自對方因自尊感低落所產生的自卑感等心態。

貶低自我認知的攻擊

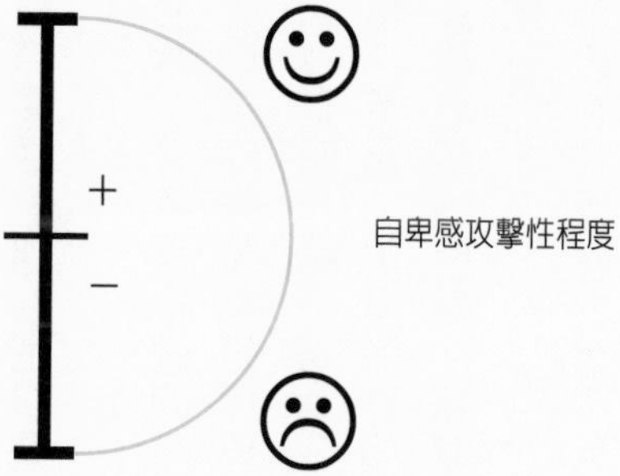

自尊感低落的人，對自己的評價很低。上圖呈現的，正是「自我評價」。+代表對自己的評價「好」，−代表對自己的評價「不好」。自尊感低落的人，自我評價往往是−，相對來說，對他人則抱以高評價。

源於低自尊感而去攻擊他人的類型，大多喜歡拿自己與他人比較，然後再因兩者間的差距產生自卑感。「對方比我好」、「我比對方差」的感覺，正是自卑感。這種差距，可以透過兩種方式縮小：將自己的評價往+的方向提升、將他人的評價往−的方向減少。當差距縮小時，原本因差距產生的緊張感與自卑感也會跟著減少。

如果是成熟的人，會藉由提升自己，以及改善對自我認知的想法，以縮短差距。然而，會做出傷害、攻擊身邊的人的類型，反而會執著地選擇攻擊與貶低的方式來縮短差距。原因在於，這類人認為提升自己的過程既困難又耗時，而貶低他人的方式反倒顯得容易，又能立即見效。

大家沒有做錯什麼。非要說做錯什麼的話，大概就是擁有讓對方感覺自卑的要素罷了。可能是外貌，也可能是學歷、工作能力、人際關係、財力……嚴格來說，大家只是靜靜待著，而某人卻突然出現，自顧自地發飆。這種情況，很有可能是對方長期對自我抱持低度評價，因此才會透過貶低他人的方式保護自己的內心。

此時，大家需要做的，是明白「相信自己很好的人，根本不需要攻擊別人」這點。無論是用尖銳的表現攻擊他人，或拐彎抹角的攻擊，都是需要耗費大量能量的事，而且還會隨著與攻擊對象的關係惡化，換來他人的負面評價與遭受反擊的威脅。不過，由於對方如果不用這種方式，很難擺脫自卑感，最終往往還是會做出這個危險的選擇。那麼我們又該如何看待他們呢？只要想著「真可憐、真遺憾」就好了。

我也有過這種經驗。A，是會在我所屬的團隊中引起各種問題，並且在私底下攻擊包含我在內的其他人的人。我自然是很討厭A，但在某個瞬間，我開始選擇原諒A。某次，偶然見到A從捷運出口走了出來，臉上的表情相當不好。那一瞬間，我浮現了「啊……原來他很不快樂」的念頭。

攻擊他人以提升自己的人，就算到了其他地方，依然會使用同樣的方式。問題在於，這麼做並不會是他們變得快樂，或得到心靈的安定。慣於攻擊身邊人的他們，消耗了太多能量，同時也把其他人都變成敵人。想到這裡，不免會為他們感到些許痛心。因此，我決定原諒這些人，如果身邊存在這種人，請大家也試著同情他們。那麼，憤怒的情緒也將會變得平穩。

PART 3

從現在起，我也可以「表現出生氣」

第六章
暖身運動

學習如何適當表現出生氣的方法前，必須先思考一下目的。我們生氣的最終目的是什麼？爲了不讓人小看自己？這眞的是我們生氣的目的嗎？生氣的最終目的有兩個：第一，表現自己因對方的言行感覺受傷，是爲了獲得同感與道歉；第二，爲了讓對方停止對自己造成傷害的言行。

不過，我們普遍認知表現出生氣的方式，就是飆罵或吼叫，這其實很難達到這兩個目的。這些方式無法向對方好好說明自己爲什麼生氣，也無法明確地傳達自己希望對方怎麼做。結果，不僅自己的怒氣難消，也無法引起對方的共鳴與阻止再犯。既然決定了要表現出生氣，與其無差別地對著旁人咆哮，倒不如好好學學生氣的方法。

首先，必須弄清楚不會累積「生氣燃料」的方法。如同前文所述，生氣需要燃料與火柴；燃料是壓力，火柴是觸發思考。爲了成熟地表現出生氣，先學會不在日常累積怒氣是一大關鍵。一旦怒氣已經累積到引爆前夕，就算學會正確生氣的方法，也很難適當活用。

與社群網站保持距離

我們每天都在準備感受無止境的負面情緒。這項準備，正是來自於與你我相處時間比任何人都來得久的智慧型手機。無論是Facebook、Instagram，每個人總有一、兩個常用的社群軟體。可是，讓我們暫時停下來想一想：使用社群軟體時，主要感受到的情緒是什麼？有趣、享受、感動？還是羨慕、憤怒？

根據英國南威爾斯大學的研究結果顯示，長時間使用社群軟體的女性傾向拿自己與他人做比較，並且容易對體型產生負面的形象。不僅會出現憂鬱、被孤立的感覺，甚至還會引起厭食症。由於在社群網站上，人們大多只會呈現積極正面的模樣，而且還是經過過度扭曲的處理，因此當使用者見到這些照片或文字時，不免就會產生比較心態，進而出現自己不如他人的負面情緒。

舉例來說，自己起初只是爲了上傳美食照片而開始使用社群軟體，目光卻經常被其他人上傳的照片吸引。世界上有好多美麗、優秀的人，他們到處玩、身上滿是名牌，看起來就像過著無憂無慮的生活。然而，自己與他們卻過著天差地別的人生。結果，社群軟體成爲呈現這種差異的指標。不同於只要上傳一張自拍照就能得到兩至三千個讚的他們，自己再怎麼努力也很難得到一百個讚。即使自己不想比較，也不由自主地開始比較。

社群軟體的另一個問題，在於它的無限延伸。心理學家亞當・奧特（Adam Alter）在TED演講〈爲什麼螢幕讓我們不快樂？〉（Why our screens make us less happy?）中提及「關於電子產品螢幕沒有結束標記」的問題。他表示，「有別於存在結束標記的傳統媒體，電子媒體不存在任何停止的標記」。過去常用的媒體，如：書、報紙，都有著明確的結束標記。當報紙翻完所有版面時，代表結束了；當書讀到最後一頁時，代表結束了；電視也一樣，當所有節目播映完畢時，同樣代表結束了。

不過，你我近來最常使用的媒體——社群媒體，卻不見盡頭。無論是

Facebook或Instagram，都有著無盡的新資訊，讓使用者可以無盡地滑。一旦不懂得自制，眞的看一整天都不會結束。於是，透過強迫使用者比較的社群軟體，我們也陷入了無盡的「被」比較。

此外，我們也會經由社群軟體接觸不少負面資訊。使用者們因此免不了得在社群軟體上接收那些令人壓力倍增的事件。在社群軟體上，存在過多世界各地每天發生的人神共憤之事。由於每個人都有各自的想法，對於各種事件也都有各自的意見，當面對與自己意見相左的一方時，自然會感到生氣。畢竟，世上總是存在著與自己所屬團體和義務性思考抱持不同觀點的另一方。

這些無止境延伸的資訊，不斷地塡滿我們的壓力能量。況且在這些資訊中，還有很多是爲了提高廣告收益，而故意使用引人注意的誇張、誘導點閱的方式發文。使用了社群軟體，我們開始被動地接收太多過去不知情的事件，變得時常爲此感受負面情緒。經由社群軟體，我們感覺不是非得需要感覺的情緒，補充不是非得補充的壓力能量。

再加上，「生氣」擁有容易透過社群軟體傳染的特性。北京大學的研究人員們以社群軟體上超過七千萬個貼文，分析出四種基本情緒的結果顯示：在社群軟體上，憤怒比悲傷或快樂更具影響力。根據這項研究，憤怒比其他情緒擴散得更快、更廣，且會促使腎上腺素暴增，引起神經系統的戰鬥或逃跑反應（Fight-or-flight response）。隨著腎上皮質素、壓力、不安荷爾蒙的上升，自然會對健康產生不好的影響。

對許多人而言，度過多餘、空白的時間很難。當然也可能是基於為了逃避出現在這段時間的不安、憂慮、後悔等負面想法的心理。假如是為了避開這些，轉而選擇使用社群軟體，似乎該試著去想想：「這麼做會不會反而讓自己陷入更糟的情況？」

消除壓力

置身生氣的情況時，為了適當地表現出生氣，必須先消除累積的既存壓力。原因在於，唯有以盡可能心平氣和的狀態去正視問題，才能得到最理性、最有效的解答。以下為大家介紹幾種方法：

哭

各位一定都試過在大哭後情緒忽然感覺變好的經驗，哭泣，有著不少意料外的優點。首先，是消除壓力與降低血壓的效果。當承受壓力時，某些特定的化學物質會在我們的體內分泌與累積；只要哭泣，就能藉由淚水排出體內的毒素。再來，是即時改善心情的效果。當體內的錳指數增加時，就會開始感覺壓力與不安，而哭泣便能降低體內的錳指數。換句話說，哭，是緩和痛苦情緒的自然方法。

運動

羅伯・薩波斯基（Robert M. Sapolsky）在其著作《爲什麼斑馬不會得胃潰瘍？：壓力、壓力相關疾病及因應之最新守則》中，提出以下運動對壓力處理的好處：

「第一，運動能降低罹患各種代謝與心血管疾病的風險，減少這些疾病因壓力惡化的機率。第二，一般來說，運動使人心情愉悅；就連神經質與內向的人也會因爲運動感覺心情變好。這些都與運動會誘發人體分泌β腦內啡有關。最後，有證據顯示運動能有效減低因精神壓力所產生的壓力反應。」

從事高度專注的活動

爲堆滿灰塵的家來場大掃除吧！做些需要高度專注的活動，透過將能量集中在某件事的過程，有效減輕壓力。除了打掃，十字繡、著色書、組裝模型等，都是毋須過多複雜的想法，且有助於專注的活動。不妨試著上網搜尋相關資訊，看看有哪些適合自己的活動。

幽默

像是小狗、小貓、可愛的小孩照片等，試著看些能讓我們露出笑容的照片；或者找些近期最紅的綜藝節目來看。大笑也能讓人產生壓力減輕的感覺。

寫作

寫作的治療效果，已在各種研究中得到驗證。透過寫作宣洩自己的情緒，對緩解壓力有很大的幫助。將今天承受的壓力通通寫成文字，向承受這些壓力的自己說些溫暖的話。

伸展運動

試著深呼吸。大口吸氣，然後暫時停止呼吸一下，再呼氣，反覆做幾次後，可以明顯減緩情緒的起伏。試著在午餐時間留點空閒，大大地伸展雙臂與雙腿。放鬆全身的伸展運動對消除壓力有很大的幫助。

藉由說話表達痛苦

其實，罵髒話也有助於紓緩壓力。根據紐西蘭梅西大學的研究顯示，當經歷與情人分手、或發生於短期內的社會壓力等較輕微的精神痛苦時，不過火的髒話可以產生一定程度的幫助。不過，對於精神痛苦程度較高的情況則沒有幫助。有別於這項研究，實際上與情人分手，精神痛苦的程度並不輕微……，或許比較適用在原本以爲會順利交往的曖昧期間，卻被「已讀不回」或被回覆「你值得更好的人」。

遊戲

由於遊戲需要全神貫注，就像上述高度專注的活動一樣，透過專心做一件事來舒緩壓力。近來，市面上推出不少視覺效果與故事劇情無異於電影畫面的遊戲。不過，記得避開會令人感覺壓力的遊戲。

揍娃娃的肚子

大娃娃，正是適合挨揍的對象。如果自己生氣的對象又是買娃娃的人，效果更佳。試著揍一揍經常聆聽自己說話，抱起來又軟綿綿得讓人心情很好的大熊。好好揍一頓後，再摸摸它，並說聲「辛苦了」。

唱歌

去趟離自己最近的投幣式KTV吧！雖然裡面裝著監視器，但由於工作人員根本不會在意我們，大可盡情唱歌。傷心的話，就像個世上最悲慘的人一樣高唱抒情歌；委屈的話，則推薦唱些能大喊大叫的搖滾歌曲。如果家裡隔音夠好，也可以在家唱歌就好。

什麼也不做，就是休息

有時，什麼也不做的休息，是最重要的。原因在於，或許你就是因為太努力地跑，才會變得能量不足。請暫時擺脫「應該做什麼」的想法，什麼也不做，就是好好休息一下。因為你並不是生來「為了不停做些什麼」的人。

從強大的壓力中脫離

不過，有辦法透過這些方法看見成效的壓力，其實程度都還算輕微。萬一遇到對方對自己說出過分的侮辱言語，而自己無法回應，之後也沒有機會好好向對方表達自己的情緒時，又該怎麼辦？這種受到侮辱的經驗，想必只會被不斷憶起，進而變成強大的壓力。就算努力想忘記，也會時不時浮現當時的記憶，任由負面情緒籠罩自己，甚至開始攻擊沒能適時、適度表現出生氣的自己。針對如此強大的壓力，世界級的溝通專家芭芭拉·貝克漢（Barbara Berckhan）提供了以下幾種方法：

將自己的經歷告訴他人

難受時，說出來！告訴朋友「我很難受」，試著從他們身上得到同理的感覺。仔細回顧自己的情緒，然後向摯友傾訴；假如我們的負面情緒是能量，那麼與他人分享負面情緒時，就能減少、中和這些能量。當他人支持自己，並跟著捍衛自己的立場，心理承受的衝擊便會得到緩解。

詳細寫下自己的經歷與心情

萬一這個經驗無法向他人啓齒，那麼請試著用文字寫下事情經過與自己的情緒。以文字記錄，同樣也扮演了將負面能量向外宣洩的角色。任由不好的念頭困在腦海，最終不僅無法消化，甚至還會讓這股能量愈長愈大。

接受痛苦

雖然大家都想迴避與否認痛苦，但這麼做並不能解決問題，我們需要如實接受痛苦的過程。不過，可不能先把能量傾注於「理解對方」這件事。對於聽過對方侮辱言詞的自己而言，這麼做太痛苦了。既然自己是受傷的人，那麼就暫時休息一下，並試著找出修復創傷的方法。假如沒有把這些痛苦認知爲創傷，我們只會不斷延遲復原的嘗試。

邏輯思考

當心理創傷恢復到一定程度後，便需要開始客觀地看待問題。必須全面地擬定「爲什麼我會在那個情況下被侮辱？」「怎麼做才能讓自己不會再在類似的情況遭受侮辱？」「萬一又受到同樣的侮辱，我該如何反應？」等策略。

改掉必要病與義務性思考

前面已經提過關於會點燃怒火的觸發思考——必要病與義務性思考。接下來，讓我們談談究竟該如何對應必要病與義務性思考。

我們總在太多地方加上「必要」這個詞，並且在無法滿足「必要」時，開始責怪自己與環境。一旦自己訂下的規則或標準不被遵守，我們就會對不遵守的對象生氣。如果試著將面對大小事的念頭，改成「有的話，很好；沒有的話，也無妨」呢？我們的思考會變成這種模式：

能從自己喜歡的大學畢業固然很好，但沒有的話也無妨。
↓比起大學，找到自己想做的事並讓它變成專業才更重要。

如果不對某件事加上「必要」，我們將會變得相當自由。就算少了某樣東西，也不會特別覺得生氣，或挫折、無力；若能得到某樣東西，反而還會產生感激的心。

爲了將自己從必要病解放，首先必須透過確認「我眞的親身感受到『必要』嗎？」的過程。在日常生活中，有些誘發事件（activating event）是能讓人眞正感覺「必要」。一到春天就會出現過敏性鼻炎症狀的人，經常遇到各種窘境。對於這些人來說，見到近期出現的鼻炎藥對過敏症狀頗具改善成效後，鼻炎藥便成了他們的「必要」。在這種情況，鼻炎藥就可以稱爲「必要」的東西。

然而，在我們貼上爲其名爲「必要」標籤的大部分東西，其實多數是媒體或周圍的人強加了「這是你必要的」，而非你我眞正想要的。不知道大家是否有「為了找尋真正的自我，旅行是必要」的想法呢？這個想法從何而來？認為這件事必要的原因又是什麼？會不會是因為一些自己不曾經歷或不明確的理由（像是看起來很酷、朋友都在做、看到航空公司的廣告等），而自顧自地替這件事貼上「必要」的標籤呢？希望各位都能好好想想真正專屬於自己的必要清單。試著為列於必要清單的項目標記問號，在不是真正認為必要的項目打上X。隨著X的數量增加，各位的心也會變得自在，並且全力專注於真正必要的項目。

義務性思考經常與「一般而言」、「普遍」、「照常理來說」等詞彙一起被濫用。儘管有人認為在路上邊走邊抽菸是會對他人造成危害的錯誤行為，根本不該這麼做，卻也有人不這麼認為；因為或許在某些人的義務性思考中，邊走邊滑手機的行為，比邊走邊抽菸更惡劣。

可以確定的是，自己和別人的義務性思考不可能一樣。擁有愈多義務性思考，只是愈折磨自己罷了。堅信世上不該存在犯罪的人，是很難在這個世界撐下去的。原因在於，犯罪問題天天都在現實生活中發生，每天為此感到憤怒，最終勢必會患上火病[10]倒下。

當然了，不可能消除所有的義務性思考，有些時候也需要義務性思考。不過，如果因此持續給自己壓力的話，便需要轉念。這些時候，「性惡論」會是一大幫助。性惡論，主張人自出生起，即開始注目於自己的欲望，一旦放任不管，就會引起社會混亂；而所謂的修養，指的並非潛在一個人內在的東西，而是透過外來的教育，或後天累積對於禮儀的認知後散發出來的。我們不妨也試著這麼想吧！

「雖然人本來就不會遵守這些規則或標準，但偶爾有些好人會遵守。因此，我們應該要好好稱讚這些優秀的人。」

10 文化結合症候群，大多因日常累積的煩惱無處發洩，而出現胸悶、頭痛、焦慮、失眠等症狀，為好發於韓國人的精神疾病。

如果很難做到這種轉念，也可以將因爲義務性思考產生的怒氣活用在改變世界。思考一下該怎麼做才能讓自己身邊的人變得遵守基本禮儀，並找一找有沒有什麼推廣做好事的方法。假如凱拉西．沙提雅提見到不公不義時，只顧著生氣，大概就無法完成後來偉大的事了。然而，他成功將怒氣轉換成改變世界的能量，最終也產生了變化。在各位的瑣碎日常中，也可以像他一樣，將怒氣化作能量。

安撫內在小孩

在本書的一開始，曾經以鑽石與小石頭的例子，闡釋關鍵在於「珍惜」，其中也存在著對自我的價值判斷。假設各位將自我價值評得很低，又不珍惜自己的話，便很難表現出生氣。因爲，根本沒有理由爲了不珍惜的東西生氣。

童年時期，是否有過沒有好好珍惜自己的經歷？這裡指的是，即使犯下大錯或受到傷害，也沒能從任何人身上得到慰藉的經歷。一旦沒有在成長過程中好好療癒小時候的傷痛經歷，長大成人的現在也將很難懂得珍惜自己。原因在於，犯下那些錯誤的自己、沒能獲得慰藉的自己，長大後便成了「現在的自己」。因此，我們要做的是，修復過去的創傷，然後正視這些經歷。具體的方法如下：

1. 在一個安靜的房間，以放鬆的心情坐著。
2. 靜靜回憶過去沒有好好珍惜自己的經歷。
3. 畫一個與自己相像的小孩。
4. 將當時自己的情緒、想法、需求等，寫成小孩的對話泡泡。
5. 將小孩為何會產生這些情緒與想法、需求的環境因素寫在小孩周圍。
6. 接著，在右側畫上一個完全長大的成人（此時，將這個成人畫成安慰小孩的模樣）。
7. 因為這個大人是比任何人都懂小孩的人，所以他發自眞心地向小孩說出安慰與鼓勵的話。

這是藉由內在小孩與內在大人的概念，療癒過去受傷的自我，並以成熟大人的身分，邊回憶當時受傷的自己，邊給予慰藉的方法。即使現在的自己已是長大的大人，內在小孩卻始終懷抱著那些創傷。正因這些傷，才使得現在的我沒辦法正面看待自己。

在此，也向各位說說我個人的故事。

小學四年級時，我從京畿道搬到忠清道的某個鄉下地方，表面上說是要就近照顧年邁的阿嬤，實際上，父母的生計遇到困難才是主因。就這樣，隨著搬到完全陌生的地方，轉入了新學校，我面臨到此生最大的困境——無法適應新學校，以及被排擠。

性格不外向的我，既交不到朋友，也讀不好書。我完全不受新學校的朋友們歡迎，甚至還會被班上同學霸凌，至於導師，不僅不太關心發生在我身上的問題，還會因爲我解不出數學題目，而在大庭廣衆之下訓斥我。一點一滴累積的經歷，讓我不曾認爲自己是個優秀的人。

這些事，我無法向父母啓齒，尤其是媽媽。她爲了在新地方立足而開始著手糖餅生意，已經飽受腰痛折磨了，我實在很難再向她述說這些事。如果要試著表達我當時主要的情緒，大概是憂鬱、不安、沮喪吧。甚至在上國中時，我因爲被分發到離小學同學們很遠的學校而感到慶幸，試想之前的經歷該有多痛苦呢？

不如讓內在大人撫慰從前有過這些經歷的我吧？我試著告訴自己：

「要求突然轉學的你適應新環境、結交新朋友，勢必很辛苦吧？除了環境陌生，朋友們也對你不好，甚至還排擠你，一定很不安、憂鬱、難熬吧？原來你爲了不讓父母擔心，也沒能輕易開口向他們傾訴。你眞是個乖孩子。你絕對不是不討人喜歡或不完美的孩子，只是有些內向，有些不容易適應新環境的孩子而已。僅僅小四的孩子，怎麼可能一下子就能適應新環境？幸好，後來遇到了新的好朋友們，這段友誼也一路維持到了現在。這就是證明你是個好孩子的證據啊！當時的那些朋友，也是因爲年紀小，才會不懂得如何關懷他人。儘管現在想起當時的老師，心裡依然有些不是滋味，不過，反正以後也不會再見了，你不如就寬宏大量地放過他吧！」

藉由撫慰舊我的過程，重新想起過去的創傷，並慢慢療癒。嘗試一天一次，回憶從前那些導致自己不再珍惜自己的事件，並反覆地使用這個方法。終有一天，一定能讓過去受傷的小孩重拾笑容。

萬一過去的創傷太大，完全無法靠自己解決的話，建議還是要諮詢精神健康專家。關於照顧過去的創傷，心理諮商中心會比精神科醫院來得合適；或者也可以前往一些著重心理諮商的精神科。如果沒有治癒過去的自己，將無法懂得珍惜自己；無法懂得珍惜自己的人，將很難勇於面對無理。換句話說，將無法好好表現出生氣。

當時的自己，沒有所謂的做錯或無意犯錯，周圍的人也僅是無暇安慰自己罷了，並非因爲自己是不完美的人才得不到慰藉或支持。從出生的那一刻起，自己已是珍貴的存在；只是因爲從前的些許經歷，才讓我沒想到要好好珍惜自己。

丟掉不合理的信念

認知行爲治療之一的理性情緒行爲治療法（Rational Emotive Behavior Therapy，簡稱REBT），是由美國精神科醫師兼心理學家亞伯・艾里斯（Albert Ellis）博士所開發，指稱藉由改變人的非理性信念，達到改變結果的療法。

艾里斯主張人對於一件事的解析，來自心理層面的痛苦核心。爲了說明這項過程，他創造出「ABC理論」。這裡的ABC，指的是誘發事件A（activating events）、信念B（belief）、情緒與行爲結果C（emotional and behavioral consequence）。即使經歷同樣的誘發事件，也會隨著你我抱持的信念不同，而導致不同的情緒與行爲結果。假設是抱持「人生就該歡樂」信念的人，當面對無聊的日子時，便會將當下所處的狀態認知爲錯誤、不完美；然而，換作抱持「人生可以無聊，也可以開心」信念的人，自然會將當下所處的狀態認知爲正常。

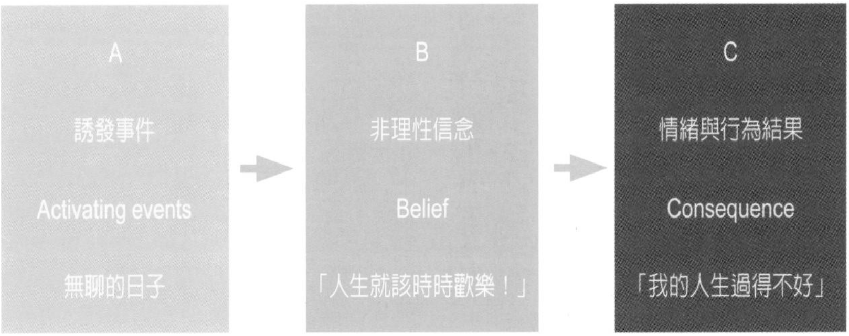

→由於秉持「時時歡樂才是人生」的信念，才將無趣的日子朝負面方向解析，認為自己正在過著錯誤的人生。

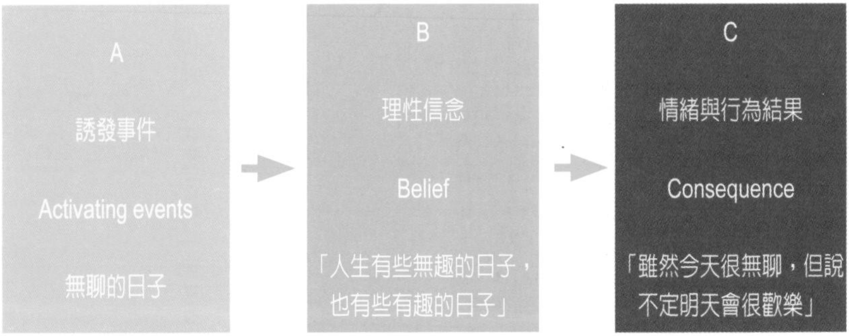

→由於將「人生就該時時歡樂！」的信念換作「人生有些無趣的日子，也有些有趣的日子」，結果也跟著改變為「雖然今天很無聊，但說不定明天會很歡樂」。

理性情緒行爲治療法，指的是透過駁斥如上述般非理性信念的過程，使其變得理性，之後導向正面的行爲與情緒的治療過程。

無法好好表現出生氣的人，很多時候是因爲對「生氣」抱持著各種非理性信念。在此，將由兩大方向爲大家介紹非理性信念對「生氣」的影響。

第一，有些人抱持的是「非生氣不可」的非理性信念。儘管生氣需要藉由義務性思考觸發，但當義務性思考即爲非理性時，每次就會產生「氣死了」和「壓力好大」的結果。自戀型與偏執型、強迫型、邊緣型人格障礙者之所以經常做出生氣的表現，正是源於他們強烈、狹隘、非理性的信念。在人們擁有的無數非理性信念中，最具代表性的即是基本歸因謬誤（Fundamental Attribution Error，簡稱FAE）。歸因，是「歸結原因」的縮寫，意即關於一個人如何解釋他人的行爲或事件原因。

基本歸因謬誤，指的是觀察者在解釋他人行爲時，大多會傾向低估環境要素的影響，同時高估行爲者的內在、性格要素的影響。當一個人判斷另一個人做出某些行爲的原因時，相較於行爲者當時置身的情況條件，反而更在意其個性或能力、動機、態度、信念等。因爲人們在觀察他人時，較易聚焦於個人，而非情況。正在閱讀本書的各位，絕對也擁有一定程度的謬誤。不過很有趣的是，這樣的基本歸因謬誤不太會出現在解釋自己的行爲時。

你我都是藉由這些謬誤，在看待我們面對的無數人的行爲。看見隨便亂停的車時，生氣地唸著「絕對是個沒禮貌的駕駛」、「駕駛鐵定是個只會想到自己的人」；若是駕駛就在眼前，搞不好還會對著對方咆哮。可是，我們不會想到「對方是爲了急著把病人帶去醫院，才不得已暫時亂停」。假如沒有其他資訊，便會採用一直以來的方法，也就是直接判斷行爲者的能力、動機、態度、信念有問題。因爲這麼做，是最簡單、輕鬆的。在做出全面性的思考前，我們總想快點完成推理、判斷行爲的原因，然後即刻與負面情緒連結在一起。

我們可以從基本歸因謬誤中學到，即使自己的推測在當時是理性的想法，實際上卻可能是錯誤的推測（意即可能是錯誤的信念）。由於錯誤的推測將引發錯誤的憤怒，做出判斷時試著多些保留或想想其他可能性會更好；另外，對於與自己沒有直接關係的事，也不需要非得下判斷。

大家一定都有過被誤會的經驗。基於某種情況因素做了某些行爲後，其他人開始攻擊你「不會想」、「自私」……，他們照自己的意思推測你的行爲原因，然後對著你生氣，而你也對著隨意判斷自己「不顧大局」的人發火。如此一想，就能理解自顧自地判斷別人的行爲，究竟是件多危險的事了。

第二，將自己表現出生氣的行爲視爲非理性信念，也是個問題；這裡指的是認爲「不會生氣是好事」、「生氣只會引起問題」的信念。當眼前是必須表現出生氣的誘發事件，卻因抱持著「不可以生氣」的非理性信念，導致自己無法適當表現出生氣，最後只能邊後悔，邊怪自己，甚至尋求錯誤的方法宣洩，或出現憂鬱、免疫力下降的情況。接下來，讓我們詳細看看更多關於生氣的非理性信念。

如果我現在生氣的話，好像有點反應過度了

根據《不抓狂的管理術》的作者兼赫弗斯特拉大學的臨床心理學教授哈維．凱西諾夫（Howard Kassinove）所述，表現出生氣演變成肢體衝突的案

件，實際僅占不到百分之十。因此，你擔心的事，發生的機率其實很低。

表現出生氣，只會讓情況變得更糟

適當表現出生氣，是誠實傳達內心情緒的有效手段。在這個過程中，能確實明白自己的底線，也是經營健康關係的起點。

表現出生氣，並不會解決問題

表現出生氣時，若能正確陳述自己處在何種情緒狀態，以及好好說明自己想要什麼的話（也就是確實表達生氣的目的），事情絕對能朝著解決問題的方向移動。至少，結果一定比你反映意見前來得更好。

只要我忍下來，問題就能平靜解決

表面看起來的確如此。不過，由於其他人根本不知道你的內心，因此只會一而再發生同樣的問題。最重要的是，此刻你的心，一點都不平靜。

表現出生氣的話，勢必會有人感覺受傷

你感覺受傷，只能得過且過，然後還要先顧慮也不知道有沒有感覺受傷的他人，根本不公平。只要表達內心想法時，不是對對方做出人身攻擊或刻意傷害對方，不需要自顧自地認爲對方一定會感覺受傷。讓對方見到你表現出生氣的模樣，也能加深對方對你的了解。

錯過表現出生氣的時機，所以不能生氣了

假如一直以來都不曾好好珍惜自己，或做些正視自己情緒的練習，你可能會經歷遭受無視或不當待遇的誘發事件發生後，也無法立刻領悟這些感覺。因此，也不一定是時機太晚。更重要的是，你必須意識自己因他人的言行而受傷這件事，不等於要即時做出反應。因爲誠實表達內心情緒，不是一場比較誰反應快的競賽。

判斷應該表現出生氣的情況

表現出生氣前，我們必須明確地判斷兩件事：是不是該生氣的情況，以及是不是該表現出生氣的情況。

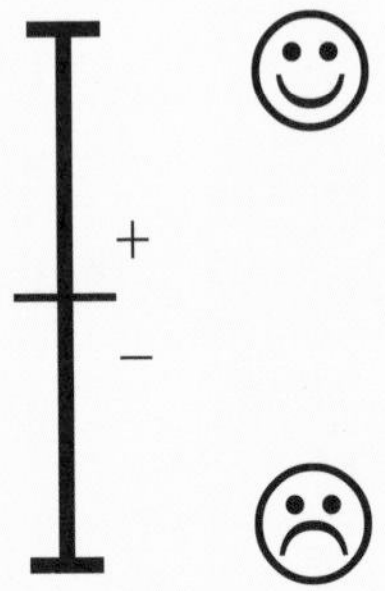

是不是該生氣的情況？

判斷是不是該生氣的情況，是相當重要的事。其實，是因為在未經確認前就對對方的言行生氣，太沒效率了。萬一各位是長期逃避衝突，且不懂珍惜自己的人，一定做過靠自己的推測去揣摩，甚至確認對方的心理。然而，就算是心理學家或專門調查犯罪的刑警，也很難在對方說實話前，掌握其真實想法。儘管如此，我們依然有著太過信賴自己推測的傾向。問題在於，這些推斷幾乎都會導向「負面的結論」。這些負面推測的發生原因如下，請試著再看一次上面這張圖。

如果是不珍惜自己的人，自我評價就會像圖中的黑臉一樣呈「－」，同時對他人評價則像白臉一樣呈「＋」；意即會在暗中覺得自己不是優秀的存在，而他人卻是優秀的存在。正因這種自我評價的方式，才會做出他人同樣對自己做出「－」評價的假設。在這種基本假設的前提下，難免就會常將他人的行為解讀為負面。

舉例來說，當對方只是因為沒認出自己才沒打招呼時，我卻因為認定對方無視自己而感覺生氣；當對方只是因為私人理由心情不好，而沒有積極回應自己的話時，我卻因為認定對方在對自己發脾氣而感覺生氣。

希望大家在表現出生氣前，先好好想一次。究竟對方真的是在故意攻擊我，還是因為自己對對方中立的言行賦予了負面意義呢？若情況有些曖昧，就必須透過坦誠地向對方提問來解除自己內心的疑慮。如果對方的確是默默在攻擊自己，提出這些問題的本身，便足以成為阻擋對方攻擊的防禦。假如沒有宿怨，基本上別人不會莫名其妙攻擊你。畢竟，他們光是要過好自己的生活，已經夠忙了。

是不是該表現出生氣的情況？

當對方確實不尊重自己，自己也因此感覺受傷的話，就該表現出生氣。不過，若不太能判斷情況是否已經到了該表現出生氣的程度時，請試著想一想自己重視的人。只要試著想一想，假如自己重視的人面臨同樣的處境，自己究竟是會挺身為他出一口氣，還是會建議他「別放在心上」呢？又假如對方分明做出不尊重自己的行為，但當下是很難表現出生氣的情況，或一旦處理不當反而會變得更生氣的情況時，尋找能解決負面情緒，並讓自己變得快樂的其他方法，會是更好的選擇。因為，隱忍絕對是最差的選擇。

請試著參考下面這張圖。

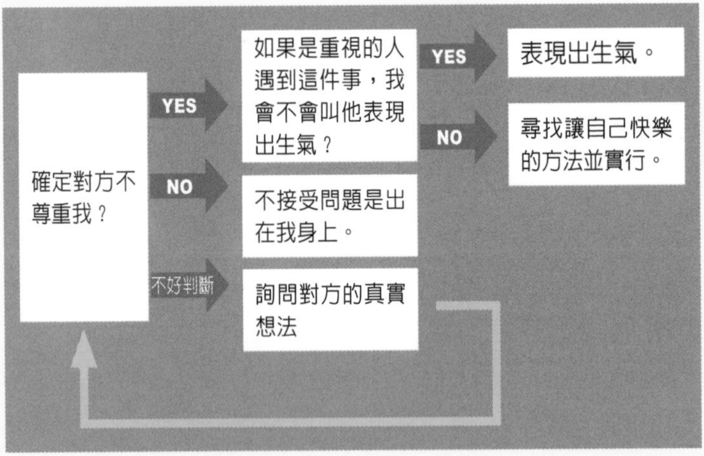
確定對方不尊重我？
YES
如果是重視的人遇到這件事，我會不會叫他表現出生氣？
YES
表現出生氣。
NO
尋找讓自己快樂的方法並實行。
NO
不接受問題是出在我身上。
不好判斷
詢問對方的真實想法

第七章
爆發

至此，爲了成熟地表現出生氣，消除積累的壓力、改變會阻礙表現出生氣的非理性信念、撫慰讓自己莫名感覺生氣的舊時創傷，我們已經完成「生氣的暖身運動」。開始運動前，認眞做暖身運動是爲了預防在正式運動時受傷，並確保能確實做好運動。如果按部就班地跟著本書內容，此時的各位已經到達能好好表現出生氣的最佳狀態。現在，開始試著練習生氣，以及實踐如何在實戰中面對他人。當然了，我們從最簡單的開始做起。只要慢慢跟著實踐本章的內容，各位就能從「剛才應該要生氣，卻沒有生氣，現在只能獨自傷心的我」，變成「懂得在適當的時機，以適當的方式表現出生氣的我」。

表達我的意見

對於活了一輩子從未好好生過一次氣的人來說，極有可能在第一個階段就卡住了。因爲是長久以來都沒做過的事，突然要從一做到十，難免會有些尷尬、不安。既不知道該說些什麼話，又怕表達自己的意見會改變一直以來都相安無事的局面，讓自己與他人的矛盾浮出檯面……，因此，開始感覺到強大的壓迫感。既然如此，不如先試著在非衝突的情況下，練習表達自己的意見。藉由一小步的成功，爲自己增添些許信心。

假如各位是無法好好表現出生氣的人，很有可能平常就很難向他人表達自己的意見。於是，使用下表「不要這樣說」的頻率，也一定高於「這樣說」。

從現在起，請開始練習「這樣說」列出的內容。嘗試幾次後，便會發現表達自己的意見沒有那麼難，也能自然地明白表達自己的意見並不會發生大事。另外，如果以前常讓他人的想法優先於自己的意見，也能經由練習，逐漸學會優先考量自己的意見與想法。

情況	不要這樣說	這樣說
挑選想吃的食物時，對方問：「要吃什麼？」	「你想吃什麼？吃你想吃的吧！」	「我今天想吃大醬湯。」
決定見面時間時，對方問：「幾點見？」	「你什麼時候有空？你有空的時候見吧！」	「我兩點應該有空。」
有人向自己釋出好意時說：「某某某，我剛好要外出，要幫你買杯咖啡嗎？」	「不……不用了，沒關係。」	「謝謝。麻煩幫我買一杯熱美式。」
有人稱讚自己時說：「你這方面真的很厲害！」	「沒有、沒有，我這也做不好，那也做不好的……。」	「謝謝，你這部分也做得很好啊！」

當說出自己的意見，使內心得到舒適的感覺後，接著就會覺得下一階段的生氣表現變得容易些了。透過細微的實踐行動，讓自己獲得「原來我做得到！」的自我效能。希望各位從明天早上開始，不，就從現在開始練習吧！

設定生氣的重要程度

聞名世界的暢銷書《與成功有約：高效能人士的七個習慣》作家史蒂芬・柯維（Stephen R. Covey）博士曾提及，藉由下列的「時間管理矩陣」可以有效掌握各種事情的性質。

急迫性／重要性	**高急迫性**	**低急迫性**
高重要性	第一區：急迫且重要	第二區：不急迫，但重要
低重要性	第三區：急迫，但不重要	第四區：不急迫，也不重要

根據史蒂芬・柯維博士所言，當我們把時間花在這四區時，第一區與第三區是急迫需要解決的事。因此，就算分在第三區的事不重要，也要抽出一定時間處理。而我們最該花時間的，當然就是急迫又重要的第一區了。

表現出生氣的順序，也可以參考上列表格做整理。不是生氣專家的你我，即使讀完這本書，依然需要些時日才能學會如何表現出生氣。那麼，我們不妨試著從最不重要也最不急迫的事開始。反正這些事出點差錯沒關係，甚至是搞砸了，也不會演變成什麼大問題。舉例來說，像是爲了瑣碎卻令你傷心的小事向好朋友生氣，或是對著向自己借了小錢卻沒有後續的熟人生氣等。如果是好朋友，對方肯定是能讓自己自由、坦然表達情緒的對象，當下也不會那麼不安；如果是借錢不還的熟人，卻在你表現出生氣後索性選擇絕交，那也能清楚不該再與這樣的人深交，所以才更該大方表達情緒。

起初像這樣藉由不急迫也不重要的事表現出生氣，讓自己獲得信心後，接著再逐步擴大到急迫但不重要的事、不急迫但重要的事；至於「急迫且重要的事」，則是留到最後一個階段。

急迫性／重要性	高急迫性	低急迫性
高重要性	第一區：急迫且重要 ——當面對著不尊重我的人生氣	第二區：不急迫，但重要 ——針對過去受過的創傷，對著父母表現出生氣 ——針對長久忍讓的問題，對著男／女朋友表現出生氣
低重要性	第三區：急迫，但不重要 ——對著每次都不守規則的同事或朋友表現出生氣 ——對服務態度不親切的工作人員表達抗議	第四區：不急迫，也不重要 ——針對瑣碎的問題，對著好朋友表現出生氣 ——為了借錢不還的事，對著斷絕聯絡也沒差的人表現出生氣

※建議情況嚴重時，先從小火開始慢慢升溫。

擬定劇本

接下來，將爲大家一一介紹表現出生氣的初級、中級、高級階段。每階段都需要些事先準備——「擬定劇本」，也就是從表現出生氣的第一步，到過程、結果、反應等，先寫成劇本。

事先擬定劇本的話，當情況發生時，不僅能按照準備的內容自然行動，也能堅定地面對隨之而來的負面反應，有效減少對表現出生氣的恐懼。以下即是擬定劇本的方法。

我在情況A，實行行動B，並且做出生氣的表現，最後得到結果C。

↓當朋友無視我的意見，一味認為只有他的意見才正確時，我會以不對對方說的話做出任何反應表達憤怒。因此感到尷尬的朋友，停止了目中無人的行為。

大致上，這就是劇本的基本型態。由於對方不一定會照著自己預想的方向行動，務必要有兩種以上的劇本才行。萬一對方沒有照著劇本走，我們可能就會因爲慌張而無法按照準備好的行動，最終也達不成「好好表現出生氣」的目標，只是讓兩人關係變得尷尬罷了，結果，又把嘗試失敗的錯誤歸咎自己。因此，也要先擬定「萬一事態不如預期時」的劇本。如此一來，當發生令人措手不及的情況時，我們同樣能按照預想的劇本達成目標。以下是替基本款劇本追加「對方出現負面反應」的加長版劇本。

我在情況A，實行行動B，並且做出生氣的表現，卻出現負面反應C時，我會說出D來明確表達內心想法。

→當朋友無視我的意見，一味認為只有他的意見才正確時，我會以不對對方說的話做出任何反應表現怒氣。面對我的反應，朋友反而生氣地表示「你幹嘛？也太小器了吧！」當下我會說出自己為什麼覺得難受，並表示「小器」這句話同樣讓我覺得不受尊重。

如果連這種加長版的劇本都先擬定好，即使對方出現負面反應，也能堅定地面對與處理。

不同階段的生氣方法

・初級——消除反應

情況：對話中
準備事項：承受尷尬的韌性、心情被破壞的表情
需要時間：感覺比任何時間都更漫長的十秒
參考事項：重點在於，使用在情誼相對堅固的關係，並且持續使用。

對話中，因對方表現出對自己不尊重的態度而感覺生氣時，有個非常簡單

的方法可以表達憤怒——將自己的反應降至足以讓對方察覺到的「無」。這個方法，來自「消除對刺激的反應，能有效降低其行爲的頻率與強度」的心理學理論。

對某個行爲給予積極反應時，將強化該行爲的強度與頻率；舉例來說，假如每次讀書三十分鐘，媽媽就會送來自己喜歡的零食，那麼我們就會爲了吃零食而增加讀書時間。相反，對某個行爲給予屬於消極反應（懲罰或無反應）時，將弱化該行爲的強度與頻率；每次讀書三十分鐘，媽媽就會送來（對身體有益卻）完全不想吃的中藥，或不再送來之前給的零食，那麼我們就會開始減少讀書時間。

這種情況，是假設令我們生氣的對象講的話爲「行爲」，而將我們的行爲視作「反應」。說不定一直以來我們都在面對他人行爲時，給了積極反應（對方預期，偶爾甚至是想要的反應）。正因我們沒有向不尊重自己的他人表現出消極或「無」的反應，才會導致對方重複或不停止該行爲。一般而言，人們會期待他人如何對自己的行爲做出反應，也就是相信他人會出現預期中且在可控制範圍內的反應。讓我們來看一些例子。

原本的情況

A：少在那邊說些沒用的話了，你根本就不懂。

B：（不重視我的意見，又講出過分的話，實在令人生氣）嗯……可能吧……。

A：你看吧，也沒什麼能反駁的吧？不是你講的那樣，本來就該照我講的這樣做啊！唉，煩死了。

B：（還不忘炫耀自己，讓人感覺更煩，火氣也變得更大了）嗯……好吧，你會那樣想也很合理……。

消除反應法

A：少在那邊說些沒用的話了，你根本就不懂。

B：（不重視我的意見，又講出過分的話，實在令人生氣）嗯……可能吧……。

→露出足以令對方察覺的僵硬表情，靜靜注視對方或迴避對方眼神，並且不說任何話。

↓此時的關鍵是承受尷尬的能力，靜待對方再次開口說話。

A：（意識到對方不同意自己的話，且對尷尬的氛圍感到慌張）喔……不是嗎？好吧，或許你想的才對。

B：不談那件事了，我們聊聊其他的。（轉向其他話題）

注意事項

如果A是稍微懂得察言觀色的人，我們用這個方法自然有效。可是，若遇上的是目中無人、長期只顧著以自我中心的方式在與人相處的人，可能就不會出現我們預期的反應。在這類人面前使用「消除反應」的方法時，搞不好只會換來更多不尊重自己的發言，像是催促「你幹嘛不說話？」、攻擊「你生氣了？也太小心眼了吧？」等。此時，就該前往下一階段。

消除反應的方法，不建議用於通訊軟體，原因在於，在通訊軟體上的「無」反應，比較像是在無視對方，而非沉默的抗議，因此對方可能將此視為攻擊，反而導致負面結果。由於初級技巧的核心是藉尷尬的氣氛表達憤怒，最好不要使用於難以掌控對方會如何解讀訊息的通訊軟體。

祕訣

假如對方問完自己的意見後，開始表現出尊重的行為，即表示只要加強使用初級方法，便已足夠使雙方對話積極地延續。藉由明顯的差異，讓對方更清楚自己的態度。像是當對方做出不尊重自己的發言時，我們回以無反應；但當對方詢問自己的意見且積極對話時，則面帶笑容地回答。萬一期間對方又說出傷人的話，便再度表現無反應即可。重複幾次後，對方自然就會意識「啊！原來這個人不喜歡這樣」。

・中級──探究本質問題

情況：對話中
準備事項：充滿好奇的表情
需要時間：兩秒（說一句話需要的時間）
參考事項：面對職位稍微高於自己的人也適用。必須讓對方疲勞到不想再說任何話。

二〇一八年的中秋連假期間，任職首爾大學政治外交系的金英敏教授發表的〈追問「中秋節的本質是什麼？」〉一文，引起不少人的關注。不僅在網路上開始出現許多反諷的〈〇〇的本質是什麼？〉，甚至連金英敏教授的其他文章也跟著受到注目。

金英敏教授的這篇文章，討論的是當親戚藉逢年過節的名義，咄咄逼人地追問你的人生規劃時，可以試著反問他們一些「本質問題」。如果堂叔問你「什麼時候要找工作？」此時大可不必支支吾吾回答「很快啦……。」而是反問：「堂叔這個疑惑的本質是什麼？」

面對堂叔的嘮叨，或許很難真的回答「堂叔的疑問本質是什麼？」可是如果對方是與自己地位相仿的人，確實就可以善用金英敏教授的答話方式。使用不停反問的方法，除了是表達自己不想再聽對方講話的宣言，同時也是毋須任何技巧就能有效反擊的厲害方法。

原本的情況

（與朋友在咖啡廳對話中。）

A：你什麼時候要結婚？身邊的人都結婚了，加上你年紀也不小了，到底什麼時候要結婚？

B：（一定得結婚嗎？而且為什麼還要攻擊我的年紀？）就……還沒遇到適合人，緣分到了自然會結啦……。

A：你身邊適合的人早就都結婚了。眼光放低點，想要遇到適合的人，你自己得先是個適合的人啊！

B：（難道我是很差的人嗎？）嗯……我會再想想的。

探討「究竟是什麼」的本質問題法

A：你什麼時候要結婚？身邊的人都結婚了，加上你年紀也不小了，到底什麼時候要結婚？

B：結婚？一定要結婚嗎？所謂的「結婚」究竟是什麼？

A：到了一定年紀就結婚是常理啊！結婚當然就是和適合的人共度下半生的決定啊！

B：常理究竟是什麼？適合的人究竟是什麼？

A：嗯……常理就是……雖然不是非遵守不可的事，但最好可以遵守……？適合的人嘛，首先要從品格說起……。

B：年紀究竟是什麼？品格究竟是什麼？

A：我們來聊點別的吧！

祕訣

這個方法的核心在於讓對方在不斷用腦的同時，感覺思緒變得混亂。如同前面的「消除反應法」，由於對方希望自己的發言能換得期待的反應，因此當聽到有別於預期的「本質問題」時，自然就會顯得慌張。畢竟對方一定是基於某種自我秉持的概念才會提出那些問題，一旦其概念變得不明確，解釋得再清楚也沒有說服力。

使用這個方法時，針對對方常掛在嘴邊卻很難做出定義的問題，是最有效的。如果用第一次，對方聽不懂，就得鍥而不捨地用第二次、第三次。如此一來，才能讓對方了解自己的想法，並且不再談論相關話題。因爲不會有人想聊連自己都無法下定義的本質問題。

‧中級2—反問

情況：對話中
準備事項：不悅的表情＋不可置信的表情
需要時間：三至五秒（說一段話需要的時間）
參考事項：面對職位稍微高於自己的人也適用。如果對方聽不懂，要不就是真的很蠢，要不就是情況已經嚴重到需要使出更高階的方法。

文智賢博士在其著作《向精神科醫師學習的自尊感對話法》中，介紹了如何不因爲別人亂說話而感覺受傷的對話方法。這個比初級階段更好的方法，能有效透過提出問題，間接向對方傳達其言論的不尊重感。

原本的情況

A：多長點肉吧，你男／女朋友看到，還以爲自己在跟白骨精交往。

B：我吃得再多也不會長肉耶……可能要運動吧？

A：那是因爲你沒有意志力啦，別人在吃東西的時候，只要你肯用心多吃點就可以了。

B：嗯……好，我知道了。

反問法

A：多長點肉吧，你男／女朋友看到，還以爲自己在跟白骨精交往。

B：（不悅的表情＋無法相信怎麼有人會說出這種話的表情）嗯？剛剛說了什麼？不是我聽錯吧？可以麻煩再說一次嗎？

A：喔……沒有啦，只是希望你好好照顧身體才……。

反問法是能讓對方意識自己的發言不適當，同時間接表現自己感覺不舒服的方法。當然了，萬一遇到非常不懂察言觀色的人，當被要求「再說一次」時，這類人很可能眞的會再說一次。面對這類人，我們也不得不佩服他們「驚人」的能力了。

祕訣

置身上下關係嚴謹的公司氣氛，這樣的表達方式或許會有些負擔。爲了活用反問法，我們更需要愼重行事地讓身邊的人了解這個方法並非適用於所有場合。最重要的是讓大家知道自己只有在遭受不當言行與待遇時，才會這麼做。涉及工作時，可就不能展現太過自私的面貌；只要不是踩到自己底線，還是得聽聽同事或前輩的無聊話。假如一有什麼不滿意，就對所有人的言語與行爲露出不悅與不可置信的表情，反而會讓其他人不想親近自己。永遠不要忘記，我們希望得到的是「尊重」。

反問法，在人多時能發揮更大的效果。由於這個方法具有瞬間凍結氣氛的效果，人愈多，對方的壓力會愈大，尷尬的能量也會愈強。

這個方法當然也有風險。原因在於，可能出現化解尷尬氣氛的擁護者。假如擁護的對象是我們自然很好，但若擁護的是對方，情況就會變得有些不利。萬一有人挺身擁護對方的話，簡單、堅定地表達令自己不舒服的點，便結束對話會是較好的方式。既然已經達到指責與阻止再發生同件事的目的了，拋開因此能收到道歉或說服所有人的野心，才是明智的選擇。

・高級——誠實且堅定的表達法

情況：對話中
準備事項：平常做好掌握自己情緒/需求的練習（例：寫情緒/需求日記）
需要時間：三十秒（懂得明確表達自己意見的人會更快）
參考事項：如果已經說得這麼明白，但對方還是聽不懂，大可直接判斷對方「無法溝通」。

表現出生氣的最後一個階段，是以「正面進攻法」如實傳達自己內心的想法。這個方法不是在火冒三丈的狀態下，向對方傳達自己當下有多想對他罵髒話或揍他，而是為了清楚陳述自己為什麼生氣，為什麼感覺受傷，以及提出不要再做同樣行為的請求。為此，平常就得預先練習掌握自己的情緒與需求。如果無法意識自己是因為什麼需求而感到挫折，又因此產生什麼負面情緒，將會很難活用這個方法。掌握好自己的情緒與需求，然後誠實地表達，便是「誠實且堅定的表達法」的一切。不過，這可一點都不簡單。

誠實且堅定的表達法

媽媽：腳踏實地過生活吧！不要再把時間浪費在賺不到錢的事！

仔細思考自己為了什麼需求感覺挫折，以及因此產生的情緒：

——為了什麼需求感覺挫折：認同、信賴、自尊、和平。

——因此產生的情緒：不自在、鬱悶、悲傷、冤枉、痛心、孤單、無力、羞愧、委屈。

我：媽，我對於媽既不尊重，也不理解、認同我正在做的事感到很悶，很傷心，也很委屈。我希望媽可以稍微尊重我的夢想和選擇。

媽媽：我不是不想理解你，而是我希望你不要放著輕鬆的路不走，硬要挑條難走的路。

我：那也請媽相信那才是屬於我的路。假如眞的太難熬，我也眞的覺得那不是我的路了，到時自然會果斷地去走別條路。

祕訣

許多人都過著不知道自己的情緒與需求究竟是什麼的生活。在不受尊重的環境成長，因而也從未試過尊重自己的人，尤其難於掌握自己的情緒與需求。這類人甚至也不曾意識自己的情緒與需求比他人的事來得重要，即使想向他人誠實地表達，也不知道該怎麼說。因此，平常必須先練習好掌握自己的情緒與需求究竟是什麼。

這項練習可以從寫下「情緒/需求日記」著手。以下是「情緒/需求日記」的範例：

20XX.XX.XX
事件一：因為工作的事，被上司教訓了一頓。
情　緒：擔心、害怕、不近人情、抑鬱、厭倦
需　求：支持、協助、信賴、自我效能、希望
事件二：和好久不見的朋友邊閒聊，邊吃美食。
情　緒：充滿力量、存在感、有趣、親密
需　求：悠閒、交流、友情、分享、歸屬感

決定好一天之中的至少兩個事件後，將相關的情緒與需求寫成情緒/需求日記。試著在網站搜尋「感覺/需求」的關鍵字，有助於撰寫相關日記。與其自己記錄「我感覺到〇〇的需求與情緒」，不妨參考出現這些關鍵字的文章，

更多樣、謹慎地確認自己的情緒與需求後再行撰寫尤佳。寫過情緒／需求日記的話，就會明白自己在一個事件中，究竟能感受到多少相關的情緒與需求。

只要每天寫寫情緒／需求日記，就能掌握自己平常到底會因什麼需求感覺挫折、想滿足什麼需求等。寫一星期後，自己的需求與情緒就會慢慢顯露。接著，就能決定最迫切需要解決的問題；藉著解決這些問題的過程，開始提升自尊感。

平常就做好掌握自己情緒與需求的練習，置身感覺生氣的情況中，腦海也會開始浮現自己當下該說什麼話；明白自己因什麼需求而感覺挫折的本身，就能讓人適當地表現出生氣。原因在於，當了解原來經歷某些事件能讓自己感覺這麼多情緒與需求後，便再也找不到理由不爲自己表現出生氣了。如果以前是因爲不清楚自己爲什麼感覺生氣、爲什麼變得憂鬱，才會無法好好表達，那麼現在已經明白自己情緒的你，表達也將變得簡單許多。

馬歇爾．盧森堡（Marshall B. Rosenberg）在其著作《非暴力溝通：愛的語言》中建議，相較於將責怪他人的感覺轉換成生氣的表現，倒不如使用「因爲我感覺……。」來替代「我生氣，是因爲你！」「是你讓我變成這樣的！」之類的話，因爲這些話無異於是準備要與對方吵架。我們表現出生氣的眞正目的，是希望我們的心意能被理解，以及希望對方做出改變。因此，與其說些責備對方的話，好好表達自己的感覺與內心才是更好的選擇。

「我認為你的行為（言語）是A，所以感覺到B，希望你能做到C。」

用這種方式說話的好處，是能簡單地讓聽到這些話的對方知道，自己不是刻意要將他說的話想成A。說完「我認爲你的行爲（言語）是A，所以感覺到B」，也會讓對方比較容易以「其實我也沒有要說A的意思」，而做出道歉。畢竟對方無心用吵架的方式溝通之餘，也希望能維持一段好的關係。

適當表現出生氣的小祕訣

針對過去的傷心事，向父母表現出生氣

如同前文所述，我們必須表現出生氣的最重要原因之一，是為了「提升自尊感」。因此，當然也需要有向父母表現出生氣的過程。然而，要對著辛苦養育自己的父母生氣，總會有些罪惡感，也使得這件事變得更加艱難。此時，只要稍微改變生氣的順序，便能更「溫柔」地達成目的。

無論是哪種父母，在養育子女時，難免都會犯下不少失誤與覺得煎熬的時刻，只因父母也是第一次扮演「父母」的角色。先提及這點，然後打開父母的心，就是這個戰略的核心。

假如無緣無故說起「這一點讓我很傷心！」十之八九的父母都會立刻採取防禦姿態，因為他們覺得自己突然受到攻擊了。可是，如果能先展現「希望理解彼此的過去」的意圖再開始對話，自然能讓父母願意積極地接受我們說的話。

我：媽，您養我的時候，很累吧？加上家裡狀況又不是太好，一定更辛苦……。

媽媽：當然。我一個人爲了養大你，連飯都沒能好好吃，甚至是生病了，也不敢去醫院。

我：媽，辛苦了。雖然不能百分百理解，但多少能感同身受。

媽媽：謝謝你願意理解我。

我：媽，可是那時候的我並不快樂。雖然媽照顧我的時候不知道，但我因爲這件事眞的很傷心。

（突然就會生氣，讓我覺得很害怕。）

（我本來是很○○的小孩，卻對那樣的媽媽感到極度不安。）

媽媽：原來如此……那時候我壓力很大，所以對你做過這種事也不自知，對不起。

我：我不是想責怪媽，只是希望能得到您的理解。

理想中的對話，應該是順著這個方式進行的。不過依據父母的性格不同，可能也會出現一些困難，必須先做好「大概要坦白到什麼程度」的心理準備，才有辦法與父母開始這種對話。萬一父母自己也背負許多創傷，並且是死都不願承認自己做錯的話，可能會令他們出現強烈的抗拒。儘管如此，開啓對話還是有其價值的。即使最後得不到父母的理解或道歉，向父母如實傳達自己的內心想法本身，已經是很有意義的事了。透過表現出生氣，提醒自己「我原來不是個差勁的人」，並宣布自己以後不會再過迎合父母標準的人生了。

這種時候，努力想辦法換個環境也會有所幫助。如此坦白的對話，在每天反覆聽碎碎唸、反抗碎碎唸的空間裡，也就是在「家裡」進行，是存在一定難度的。先開口已經很難，就算真的開口了，也容易又回到原本的相處模式。此時，嘗試在旅行、散步等不同於以往的場所，不僅有助於對話，身處於新環境的父母，也較有可能敞開心房聆聽我們說話。

表現出生氣，永遠不嫌晚

正如前面的說明，表現出生氣的方法是在面臨自己遭受不當待遇時，可以立刻做出反應的作法。萬一錯過適當的時機呢？即使事過境遷，最好還是要表達曾經感覺難受、悲傷的情緒。如果想和這個人繼續維持或改善關係，哪怕到了此刻，也該好好表達自己的情緒與需求。

有時，或許會忌諱重提已經過去的事，但如果這件事仍留在自己心中的話，便不是「過去的事」；而表達自己的想法，同樣也不是什麼羞恥的事。以「最近看了一些書，書裡說若想維持良好關係，一定要表達自己感覺難受、生氣的情緒，並且取得對方理解……。」「我最近去做了諮商，他們建議我最好嘗試這麼做……。」開頭，會是個不錯的方法。此外，很重要的是，務必在開啓對話前表明「因為我想和你繼續保持一段好的關係」。

事過境遷後，表現出生氣時，最好能平和地說明自己生氣的原因，而非使用具攻擊性或諷刺意味的言辭。假如真的很難開口，不妨善用電子郵件或寫信的方式。最重要的，始終要傳達自己生氣的事。隨著表現出生氣，鬱結在自己內心的東西也會慢慢消失，進而產生豁然舒暢的感覺。即便對方無法理解或接受自己說的話，情況一定也會比以前來得更好，因為這麼做除了能擺脫過往只會隱忍的自己，也能知道對方原來是個無法溝通的人。

消滅不安的種子

在我們的社會文化中，「團體比個人重要」。置身這種文化的你我在表現出生氣後，對方可能會開始不斷地為難我們，而這也是令人不敢表現出生氣的最大原因。可是，如果因而選擇忍耐，只會令情況繼續惡化。

為了減少對對方可能報復的不安感，我們應該在表現出生氣後，重新接觸對方。換句話說，就是向對方表達自己之所以生氣並不是討厭他，也不是為了想斷絕這段關係，而是因為他做出不尊重自己的言行。請試著用坦誠的心與對方分享這些想法。此時，也可以將接近對方的行為，視作是自己在治癒對方的自卑感。

對方會攻擊自己可能有很多原因，但「自卑感」絕對是其中之一，可能是認為身為上司的他沒有受到充分的尊重，也可能是因為「相對」較低的學歷出身讓他感覺自卑……，這種情況，只要讓對方感覺得到期望的尊重即可。試著以「前輩知道我有多羨慕你嗎？」「○○○真的很聰明耶！我看你處理那個問題的手法，真的驚為天人！」等方式稱讚對方。此外，也可以直接詢問對方是否被自己生氣的事嚇到了，又或者因此感覺受傷的話，自己願意致歉。

當然了，同時必須讓對方知道當時自己同樣因為不受尊重的感覺而受傷，希望對方往後也能用一樣的方法好好表達。關鍵在於使對方理解「啊，原來你因為這件事受傷了」與「原來只要稍微注意這件事，我們的關係還是很好嘛！」

即使如此，還是覺得猶豫的話

所謂「不安」，指的是不針對特定對象，自己處在有點像是「不悅」的情緒狀態，以及喪失安全感、信心的心理狀態。在掌握引起不安的存在實體為何前，雖然不知道究竟是什麼原因，但就算發生了負面事件，連自己也都只會覺得一頭霧水。由於不清楚為什麼感覺不安，也無法得知自己會因該負面事件受到多大傷害，因此根本連在事件發生的當下，也意識不到是否真的會對自己產生負面影響。不安，是在毫不明確的狀態中感覺到的不悅情緒。為了消除這種感覺，必須先確認不安的實體究竟是什麼。

恐怖片的目的，是為了不斷激起觀眾的不安與恐懼。我們不如來回想一下經典恐怖片的畫面吧？在將緊張氣氛推向高潮的背景音樂中，似乎聽見什麼東西靠近的聲音，好像是殺人魔、惡魔，或是其他可怕的存在正在散發威脅。可是實際確認後，發現不過是路過的貓或老鼠的主角，放心鬆了一口氣。

表現出生氣後，隨之而來的不安感亦然。估算對方生氣的表情、具攻擊性的反應、未來對自己的評價、斷絕關係等一切負面可能性的過程，確實令人恐懼，但我們根本無從得知是不是真的會發生。說不定對方還會出現比預料中來得平靜的反應，然後說著：「啊……我以前真的不知道，對不起，以後不會了。」

假設對方回以負面反應也無妨，至少讓他知道自己不是只會默默忍受的人，以及表明不想再發生類似事情的立場。若對方執意不肯遵守界線，那就是他的錯了，自己也不需要再尊重這個人。

只要成功一次就好

各位毋須做出太多次生氣表現，只要成功一次就好，往後就會自然萌生信心。由於做出新嘗試會有較大的不安感，人們便不願嘗試；不願嘗試，便很難獲得成功的經驗。人類改變的契機，往往就在情況變換，或是有過值得改變自己想法的經驗。

表現出生氣也一樣。只要有過一次成功經驗，自然會產生「我有能力保護自己」的信心，並且體悟到保護好自己能隨之帶來什麼樣的效果。以後想再表現出生氣就會變得輕鬆些，而捍衛自己的意志也會變得更強。

希望大家不要以為靠閱讀或上課，能直接代替對讓自己不舒服的人生氣，而延遲了體驗這種成功的感覺。無論是什麼書或課程，都比不上一次能讓大家真正改變的經驗。

PART 4

致生了氣也無法入睡的各位

被侮辱的瞬間，離不開腦海

無論是誰，一生中總有過一、兩次這種經驗。直到現在再想起，雖然還是感覺非常生氣，但當時既沒有表現出生氣，後來還會持續憶起被侮辱的畫面——這是所謂的「反芻思考」。就像反芻的牛一樣，反覆從自己記憶中拿出當時受侮辱的經驗來想。反芻思考時，不僅會一起想到當時感受的無力感與憤怒，也會因爲當下無法表現出生氣一事，而對現在的自己生氣。臨床心理學家蓋．溫奇（Guy Winch）博士在其著作《心理醫師的傷心急救手冊》中，介紹了治癒反芻思考的三個方法。

改變觀點

所謂改變觀點，指的是在記起當時的經驗時，從原本的第一人稱視角換作第三人稱視角。換句話說，是由第三者的角度去看待記憶中的自己和對方。如果我們用第一人稱記憶過去的經驗，自然就會因爲對方不以爲然或嚇人的表情、語氣、表現等，而感覺侮辱與憤怒。然而，當換作第三人稱時，便能稍微客觀地看待該事件，進而慢慢遠離負面情緒。

轉移注意

轉移注意的意思，是將注意力轉移至其他有興趣的地方。一般來說，即便我們努力想壓抑負面思想，但根據不少實驗結果，顯示當人愈壓抑特定思想時，就愈難擺脫那個想法。正如我們愈努力不去想白熊[11]，就會愈容易想起白熊一樣。因此，我們要做的不是專注於不想白熊，而是將注意力集中在此刻對自己重要的事物上。

筆者曾經用這個方法來忘記分手的女朋友。一想起不願記起的回憶時，只要照著以下步驟思考即可。第一步：承認；自己想著「啊……又想起來了。」

11 白熊效應，由心理學家丹尼爾．魏格納（Daniel M. Wegener）出，當刻意限制一個人不准想白熊時，反而更會激發思維反彈而不斷浮現白熊的形象。意即愈壓抑自己不去想某件事，愈會因為「自我監控」行為，導致該想法變得愈深刻。

然後承認這件事。第二步：轉移注意；「我今天要做的事是什麼？」用自問自答的方式，將注意力轉移到其他地方。第三步：做該做或想做的事。

根據溫奇博士的說法，最好可以寫下能轉移注意的事情清單。可以是運動，可以是遊戲，也可以是看電影。寫好清單後，養成習慣在每次反芻思考啓動時，就看一看這份清單；在每次浮現不好的想法時，就從清單中挑出一樣，然後盡快擺脫那些想法。將清單拍成照片，設爲手機的背景畫面或鎖定畫面，也會有所幫助。

重組憤怒

溫奇博士也曾提過：「理性是最好的武器。」筆者相當同意這句話。理性，絕對可以瓦解憤怒。人往往只會用一種觀點分析當時令自己生氣的經歷，因爲對我們來說那是再自然不過的事。對方侮辱自己，而自己沒有即時反應，面對如此悲傷、憤怒的事，我們根本沒有餘力再用其他角度去分析。可是，我們必須努力嘗試藉由理性，在這些經歷中發現其他事。以下四種觀點將有助於我們學習使用其他方法分析這些經歷。

・找出正面意圖

雖然幾乎不可能找得到，至少應該嘗試轉念成「對方做出這個行爲的理由，不是故意想傷害我」。像是侮辱自己的人當時一定已經因爲其他事而處在生氣的狀態，或是爲了怕顯露自己的不足，所以才選擇做出攻擊等其他意圖。有時甚至可能是眞的出於善意，卻用錯了方法。因此花點心力做不同的分析是相當重要的事。

・尋找機會

將當時的經驗視作改變自己人生的機會，也是一種方法。如果需要承受這些侮辱的地方是職場，那就當作是換工作的契機；如果做出侮辱行爲的人是朋友，那就當作是結束一段關係的機會。假設是因爲自己所處的位置或情況，而有了如此糟糕的經歷，不妨就當作是讓自己改變的動力。如同前文所述，我們往往都能從憤怒中獲得力量。

・迎接學習的時刻

試著從這些經驗的原因與結果中，找出能學到東西的地方。爲了不讓自己再次置身類似情況，學會迴避或事先過濾這類人的方法；如果是在職務上一而再發生同樣的事，就該好好思考是否應該換份工作了；若是因爲溝通技巧不足而發生問題，也可以透過這次機會找出加強這個部分的方法。

・將對方看成是需要上天庇佑的人

簡單來說，就是說對方很可憐的意思。像是把對對方的憤怒，轉換成「唉，這個人眞可憐啊……希望你的未來能得到祝福。」的念頭。

別遷怒不相關的人

無法適當表現出生氣的人，很多時候都會錯將怒氣發在不相關的人身上，尤其是相對來說比較安全的對象，如：朋友、情人、家人等。不過遷怒這些人，只會引發其他問題。面對自己突如其來的生氣表現，對方通常都會感覺相當驚慌或受傷，嚴重的話，甚至還會毅然斷絕兩人的關係。最後，自己當然又會開始氣一手造成這種局面的自己。

過分遷怒不相關的人時，無疑會讓我們生成「愧疚感」。既然如此，又該如何解決這份愧疚感呢？納撒尼爾．布蘭登（Nathaniel Branden）在其著作《自尊心：六項自尊基礎的實踐法》中，提出以五個步驟擺脫愧疚感的建議。讓我們來一一解析這五個步驟與生氣有什麼關聯。

假設情況是自己在公司因爲不好的事累積了壓力，晚上回家休息時，卻對著如常鬧著自己玩的弟弟大發雷霆。

第一步

承認「我」就是做出引起愧疚感的行爲的人。不要否認或逃避自己實際做過的行爲，必須正視、接受它。這是自己的責任，是理應承認與負責的事。

一切問題的解決方法，往往始於承認。稍微的逃避或僅願意承認部分問題，同樣也只能解決部分的愧疚感。當然了，這並不簡單。如果對方傷得很深，便更難承認是自己犯下的錯。然而，此時自己若還試著將部分責任歸咎對方，不僅對方的創傷不會痊癒，自己同樣也無法完全消除愧疚感。舉例來說，絕對不能說出「所以你才該看清楚情況再說話啊，爲什麼明知道還要惹火我？」之類的話。

第二步

用心理解自己做出這個行爲的動機。懷抱憐憫之心看待這件事，而不是試圖逃避的辯解。

客觀地正視自己的行爲。好好思考「爲什麼累積這麼大的壓力？」「爲什麼要對別人生氣？」「爲什麼要生這麼大的氣？」等，然後理解做出這個行爲的自己。

長期因過重的業務與上司不合理的指派而累積許多壓力，自己卻始終無法向公司同事或上司表達。然而，剛好聽見弟弟說出有點輕視我的話（即便只是玩笑話）時，累積的情緒忽然就一次爆發了。即便如此，也不可以辯解，這不是逃避的藉口。此時需要做的是，誠實承認「沒錯，我是因爲被這些事影響才對弟弟大發雷霆」。

第三步

如果牽涉其他人，必須清楚確認自己傷害了誰。讓他們知道自己已經認知做出這個行爲的結果，並且承認是自己對他們造成傷害。另外，也必須傳達自己充分理解他們所感受的情緒。

清楚確認被害者的步驟，是擺脫愧疚感的必做之事。其實，傷害了某人後，認爲「傷害不算太嚴重」的想法，以及拚命無視這件事的行爲，反而會成爲自己完全擺脫愧疚感的阻礙。讓對方知道自己確實認知該行爲的問題，並承認自己的錯誤與對他人造成傷害的事實。舉例來說，可以告訴弟弟「因爲家人是讓我覺得最能自在相處的人，所以才會把在公司累積的壓力遷怒在你身上。

我想，你一定嚇了一跳，也一定受傷了」，坦承自己的過失。

第四步

修正因自己的行爲所引起的損害，或採取一切能將損害降至最低的方法。

拋開「太晚了」、「用說的很尷尬」的藉口，盡力做還可以做的事。必須努力到「好，你已經盡全力了！」「現在可以從這個問題解脫了！」的程度。

舉例來說，像是眞心向弟弟道歉，並詢問受到傷害的弟弟有沒有能補償他的方法。最重要的是，不可以跳過第三步，只做第四步。相較於補償，更重要的是明白與反省自己錯在哪裡，以及對對方造成什麼傷害。

第五步

下定決心與自己約定：「以後不會再發生同樣的事。」

人生在世，總會犯下大大小小的錯誤。當同時發生太多事而累積成壓力時，可能就會做出平常不會做的行爲。重要的是，不再讓同樣的事發生的決心。此外，也應該以這件事為契機，開始回頭審視自己的處境，並思考如何改善。

「對啊，我沒辦法適當解決自己在公司累積的怒氣。本來以為一直忍讓是種美德，現在看來好像不是這回事。就算只是簡單幾句，也要把該說的話說出口。只要對方不是精神有問題或沒人性的機器，想必多少都能諒解。不要再把怒氣宣洩在自己重視的人身上了，因為他們沒有理由為了我承受傷害。去KTV大吼大叫或去公園跑步，紓壓一下好了。」

面對無法控制自己怒氣的男／女朋友，該如何是好？

如果是不太會表現出生氣的人，通常都會覺得有辦法明確表達自己情緒、直接的人很有魅力。面對不當待遇時，能大方地表現出生氣的人看起來確實很有吸引力。然而，這件事可能反倒會成為毀滅自己的選擇。因為只要稍有不慎，這些怒氣可能就會衝著自己而來。

萬一遇到這種情況，我建議各位先避開他／她。無法控制自己怒氣的人，極有可能一直以來都是透過激烈的方式表現出生氣來解決問題。對於會做出咆哮與激動表現的人而言，由於大腦早已習慣導向同個方式，因此反覆做出同樣行為的可能性很高。除此之外，如果生氣一次無法達到自己想要的目的，很可能就會再做更激烈的表現。原因在於，這類人堅信唯有靠這種方法才能明顯見到解決衝突的效果。

以兩性關係為例，假如到了不再有愛並打算提出分手的時刻，對方勢必會採取一直以來解決問題的方式——做出激烈的生氣表現。此時，除了情緒性的傷害外，可能還會造成物理性的傷害。

對方是否曾因瑣碎的問題做出超乎常理的生氣表現？想必當時你只是覺得不是什麼大問題，或對方的性格本來就比較率直、自己也有做錯的地方等，而沒有特別留意這件事。然而，千萬不能將這件事視作小問題。只因許多戀情的告吹，往往都是始於對小問題的忽視。或許各位會想：「如果自己願意努力些，或許可以改變對方。」只是，一個人想改變另一個人，始終存在界限。各位不是專家，而且對自己有問題卻毫無意識的對方，還可能因此對著嘗試改變自己的各位生氣、抗拒。

該如何讓生氣的人消氣呢？

閱讀本書的各位，想必多數是本來就擅於忍住憤怒，並且扮演讓別人消氣的角色。如果明白時常生氣的人爲什麼會那麼做，我們也能稍微紓解他們的怒氣。

如同前文所述，我們使用「生氣」這個方法，消除因痛苦的情緒與感覺、挫折與威脅的激發等所產生的壓力。換句話說，當對方生氣時，背後一定隱藏了某些因素。假如對方生氣的原因是「不安」，就該用「原來你很不安啊……不用不安，你擔心的事不會發生。」的說話方式安撫，而非「我做錯了，對不起。」

這當然不是易事。一來，我們無法在對方生氣的同時明確得知究竟是爲什麼；二來，對方可能正是因爲難爲情才選擇隱藏。因此，我們必須先等到對方稍微冷靜爲止，再以溫暖的同理心慢慢詢問原因爲何，「能不能讓我知道你對我生氣的原因？」「等你整理好思緒了，再告訴我。」當對方開始表達內心眞實想法時，請耐心聽到最後，再接著做下一步。如果對方表示自己不安、認爲自己沒有價值，便想辦法讓對方感覺自身價值，這才是肯定且尊重對方的方法。

萬一已經爲了讓對方消氣而開口詢問其眞實想法，並表示自己願意等待與希望得到原諒，但對方依然不願坦白時，希望各位也能就此停止爲對方費心力。因爲，此時對方不肯消氣的理由不是自己不夠努力，而是不願敞開心扉，也沒有成熟地持續一段關係的意志。

連對瑣事也生氣的我，是不是有情緒障礙？

一般來說，人們會說因爲瑣事突然生氣，或過度憤怒的人是有「情緒障礙」。所謂情緒障礙，正式的名稱爲「陣發性暴怒障礙症」，其症狀則是「因具攻擊性的衝動持續做出破壞行爲」。一旦大腦邊緣系統（管理情緒的區域）與前額葉（負責理性的區域）的連結變弱，便會產生理性無法控制情緒的情況；主要原因來自童年時期對環境的不安感（關於父母的爭執、虐待、忽視等經歷）。

閱讀本書的讀者，想必都沒有陣發性暴怒障礙症。因爲有這種症狀的人，正在閱讀的應該不是關於「如何生氣」的書，而是「如何不生氣」的書吧？由美國精神醫學學會出版的《精神疾病診斷與統計手冊》（The Diagnostic and Statistical Manual of Mental Disorders，簡稱DSM），以下列標準診斷是否患有陣發性暴怒障礙症：

1. 無伴隨損毀財產或身體的肢體暴力、語言暴力，於最近三個月內發生過一周兩次以上。
2. 伴隨損毀財產或身體的突發情緒，於一年內發生三次以上。
3. 突發攻擊性、情緒的程度，與觸發心理狀況的情形或壓力程度不成比例。
4. 突發攻擊性、情緒未經規劃，沒有任何計畫或目的。
5. 因突發攻擊性情緒，導致經濟、法律問題。

6. 患者至少年滿六歲。

7. 此症狀並非起因於其他精神障礙或醫學病症。

一般人在工作時，難免會在四下無人的時候罵些無傷大雅的髒話、偶爾拍拍桌子，但通常不會在一周內拍桌子兩次以上，或在一年內發生三次以上毆打他人或傷害自己的情形。

當別人的行爲對自己造成嚴重傷害時，任誰都會感覺生氣。可是，若表現出生氣的程度已經遠超過受害程度，即有可能是屬於陣發性暴怒障礙症。大家時不時都能在新聞上見到有人因他人對自己說半語[12]、看一眼等理由，而表現過度憤怒並做出暴力行爲的案例。這就是「陣發性暴怒障礙症」。

陣發性暴怒障礙症會因人、因職業、因情況，而出現無法控制憤怒的情況，像是因爲長期藉自己的權勢欺壓他人。例如有陣子常出現在媒體版面的財團老闆娘，即使向法院提出自己患有陣發性暴怒障礙症的診斷證明，卻也因在特殊情況（正式的公開活動或出席官方場合）時，並未對可能令人不悅的提問表達怒意，而被認定不屬於所謂的陣發性暴怒障礙症。

有時若因瑣事突然感覺生氣，大可將其視爲近來累積過多壓力的信號即可。只要不是頻繁地發生，或引起什麼嚴重問題的話，其實沒有關係。不過，既然已經出現信號了，也表示自己應該開始重視這件事，並專注於如何紓壓與適當表現出生氣的問題。

對孩子生氣了，我是個壞媽媽嗎？

對著什麼也不懂的孩子生氣，不代表一定就是壞媽媽，更不等於不愛孩子。如同前面文章提過的，只要是人，自然就會感覺生氣，自然就會表現出生氣。然而，如果對著沒做錯事也毫無能力反應的孩子頻繁地、過度地生氣，那就是有問題了。

好媽媽，不是百分百控制負面情緒，然後只展現好的一面的完美媽媽，而

12　韓文可分爲敬語與半語，半語多用於對同輩或較自己年幼的人。

是能讓孩子見到自己人性化的一面。換句話說，懂得在表現自己的喜怒哀樂之餘，又能向孩子充分展現愛意的媽媽才是「好媽媽」。當大人因爲對生氣持負面想法而選擇忍耐時，孩子並非全然不知。原因在於，始終都會表現出來的。一旦累積了許多怒氣卻沒表現出生氣，這些怒氣便會轉向他人爆發，像是轉向丈夫時，就會演變成夫妻爭執，當然就不可能對孩子產生正面的影響。

如果想成爲孩子心目中的好媽媽，就該以一貫且適當的方式表現憤怒。希望各位媽媽可以在藉由「媽媽因爲某某原因覺得很傷心、很生氣，我希望你可以這麼做」的方式，具體表達自己的憤怒之餘，也不要忘記加上一句「雖然你不聽話，但媽媽還是很愛你。」透過這種方式，孩子會明白表現包括生氣在內的所有情緒都是正常的事，並相信「即使媽媽偶爾會變得有些情緒化，對自己的愛卻是始終不變的」。

是否有方法能教導孩子適當表達自己的情緒？

懂得表現包括生氣在內的所有情緒一事，對人的一生有很大的幫助。影響是否能適當表現情緒的大腦區域，正是人類大腦中最晚發育完成的「前額葉」。前額葉扮演的是管理、計畫、評估各種可能性，並做出合理決定的角色。

針對協助促進前額葉發育的方法，韓國科學技術院（KAIST）的生物與人腦工程系教授鄭在勝博士提出以下四種方式：

第一種：運動。適當的運動，對前額葉的發展很有幫助。除了前額葉，運動其實還能幫助發展大腦的各個領域，對情緒控制、改善憂鬱症也很有幫助。

第二種：閱讀。雖然前額葉會在十八至二十一歲發展成熟，但正值這個年紀的高中生們，大多都被剝奪了多樣閱讀的機會，能閱讀的僅有爲了解答國文題目的短篇文章。因此，了解這段時期的閱讀比任何時候都來得重要後，必須開始思考拓展孩子閱讀量的方法。

第三種：在什麼也沒有的情況下，找出遊戲方法的過程。舉例來說，近來見到孩子時，每個人都在用手指滑電子產品；需要找資料的話，也是立刻打開搜尋引擎。這些孩子們無法理解爲什麼磁碟圖示代表「儲存」的意思。活在數位時代的孩子們，到處都是能滿足聽覺與視覺的影片、遊戲，有時也培養他們在沒有電子產品的情況下找出可以遊戲的方法。像是去趟遠離電子產品的旅行，或是全家實行一個月一天的「電子產品公休日」也不錯。

第四種：旅行。在新環境解決問題的經驗，有助於促進前額葉的發展。面對一直以來沒有遭遇過的環境與情況，實際解決問題並發現新事物的過程，能使前額葉變得發達。希望培養孩子懂得豐富生活，就得透過多樣化的經歷，協助他們獲得生活中觸手可及的知識。

在人際關係中，總是感覺自己吃虧

在人際關係中，一旦變得只會配合他人，便會老是感覺自己在吃虧、不被照顧。儘管起初能以「我忍一忍就好」的想法得過且過，但當諸如此類的經驗不斷累積後，就會開始感覺有點生氣。然而，又因爲無法適當表現出生氣，結果往往都是選擇遠離、逃避對方，或者藉一次突然的暴怒，索性斷絕關係。爲了防止這種事發生，我們必須學會建立相互尊重的關係。

透過三步驟，建立自己與他人相互尊重的關係。
第一步：尊重「自己」的情緒與需求
第二步：尊重「他人」的情緒與需求
第三步：適度協調以上兩者

我們必須時常練習檢視自己的情緒與需求。確認好自己的情緒與需求後，才能進入下一步驟。想必大家都沒有好好完成第一步，便直接跳到第二步了——先看他人的情緒與需求是什麼，堅信只要滿足他人的情緒與需求，就能安全地維持關係，同時卻也忽略了自己的情緒與需求。正因沒有好好釐清自己的情緒與需求，才會只顧著傾注全力在對方的情緒與需求。

各位以後必須時常按照以上三步驟去建立關係。先在第一步時確認自己的情緒與需求，然後才開始掌握他人的情緒與需求。想要掌握他人的情緒與需求，直接詢問當事人就是最好的方法。推測比直接詢問存在更多不確定性，有時推測錯誤，反而還可能會導致不好的結果。

確實掌握自己與他人的情緒與需求後，務必要做些協調。依序經過以上三步驟，便能做出既能讓自己滿意，也能讓他人滿意的選擇。舉例來說，當自己討厭辣炒年糕，朋友卻喜歡辣炒年糕時，不妨捨棄辣炒年糕，改吃大家都喜歡的血腸。請不要再像一直以來一樣，強忍著吃自己討厭的辣炒年糕。嘗試以「這次先聽對方的需求，下次再要求對方聽自己的需求」的方式也可以。最重要的是，一定要完成第一步，並且如實向對方表達。如果能在尊重自己的同時也尊重對方，便能擺脫只有自己在照顧對方的感覺，讓內心獲得真正的自在與滿足。

偶爾也會見到只完成第一步，便直接走向第三步的人，而我們通常會以「自私」形容這類人。這裡指的，當然就是完全不顧他人的情緒與需求，也絲毫不打算照顧對方想法的人。即使我們坦白自己的情緒與需求，對方也不願聆聽與尊重的話，自然可以將他們歸類成「難相處的人」。既然如此，也請盡快遠離這樣的人。

結語　終於可以實踐了

到此，大家已經清楚不能表現出生氣的原因、生氣究竟是什麼，以及適當表現出生氣的方法等。關於表現出生氣的準備一切就緒，現在是輪到「改變」的時間了。畢竟，這才是各位眞正的目的。雖然有些讀者已經透過前文提及的方法成功表現出生氣，並且建立均衡發展的關係，但我想，一定還有很多讀者依然對實際行動存有恐懼。

當因爲這些問題向我尋求諮商的人們又重回自己原本的方法時，我總會這麼說：「等一下，請問您爲什麼要來找我？既然要堅持既有的方式，難不成是爲了來向我展現自己有多固執嗎？」如此一來，大家才會重燃渴望改變的意志。因此，在這本書的最後，我想再次提出一些問題。

「請問您挑選這本書的理由是什麼？讀完這本書的理由是什麼？」

儘管各位挑選這本書的理由可能很多，但多數想必是基於自己無法好好表現出生氣而感覺煩悶、憂鬱的心情，期望能找出解決方法，改變自己的人生。

這本書或許不是完美的解決方法，但各位也已經學到了一種解決方法，現在僅剩下「實踐」所學了。

大家總會這麼問：「人眞的可以改變嗎？」

當然。所有人都可以變得比以前更好，變得和以前不一樣。原因在於，大家都對改變抱有期待。假如是沒有這種期待的人，大概也沒有必要閱讀了。

接著，讓我們進入下個問題：「既然如此，是在什麼時候，又是如何改變的呢？」

我不認爲人會因爲「領悟」某個眞理而改變，因爲學習與領悟，不過是「改變」的開始罷了。眞正的改變，必須付諸「實踐」才有可能。以下讓我們看看一個人改變的過程：

書籍、教育、從他人身上學到的知識、得到領悟。

↓

以新知識與領悟為基礎，實踐不同於既存方法的新方法。

↓親眼目睹不同的結果。
↓改變成選擇其他方法的人。

讀完這本書的我們，僅是完成了第一步而已。不過，卻也有太多人仍停在第一步。只因原有的慣性太過強烈，加上太過恐懼於實踐。很可惜的是，在書店裡大受歡迎的，不是用來解決問題的書籍，而是主打慰藉、鼓勵的書籍。愈多人願意將所學實踐在日常生活，哪怕只是做出些許改變，大家也可以比以前少需要一些慰藉與同理。因此，我不希望各位在讀完這本書後，再去找類似主題的「另一本書」。不是因為這本書很完美，而是實踐所學遠比書來得更重要。

每次演講完，最讓我覺得可惜的是，演講才剛結束就有人提出這個問題：「謝謝您的演講。可以麻煩推薦一些有幫助的書或電影嗎？」

這個普通到不行的問題，聽在我耳中卻有些不同。我能理解提出這個問題的人的熱忱，也能明白或許是因爲聽完演講，所以希望更深入了解這個主題的想法。然而，我擔心的是，會不會是爲了推延直接在生活中實踐，才再次選擇以讀書「逃避」。既然會騎腳踏車，就該邊騎，邊提升實力，光是不停地看關於騎腳踏車方法的新書與影片，終究提升不了眞正的實力。各位不妨這樣問問自己：

「我是因爲缺乏如何改變人生的知識才找書來看的嗎？如果不是，會不會是因爲害怕實踐，所以爲了逃避，才又開始找其他書看呢？」

只要實踐前面提到的改變步驟，我們眞的有機會能過上與從前截然不同的人生。當我們以擁有的知識實際改變價值觀的瞬間，就是親眼、親身體驗選擇帶來的變化。有了這些體驗，便能見到「改變的我」。

各位，請憤怒吧！試著想一想自己被無視的情境，以及情境中對方的臉孔；想一想無法對對方做出任何表示，只會狂踢棉被子的自己的模樣。不要再像以前一樣把怒火壓抑在心裡，把怒火當作實踐的動力。將一直以來無法表現的東西，一點、一點表現出來，只要從目前可以做到的極小事開始就好。大多數的情況，根本不會發生各位想像中的可怕事。

希望大家都能成爲能坦然表達自己的意見，並且重生成爲在面對不當待遇時，可以隨時表現出生氣的帥氣的人。希望這本書能在這一切的起點，有所幫助。

（在怒火上）加油！

參考文獻

第一章

- 《心理學，就拜託自尊感了》，史蒂芬妮．史塔爾（Stefanie Stahl）
- 《Mother Shock》，金光浩、金美智，JoongangBooks，2012
- 〈2017大韓民國中產階級報告書〉，NH投資證券百歲世代研究所
- 〈中產階級十位中有六位表示「我是貧困階層」〉，林智善，韓民族日報，2016.11.29
- S. D. Gosling, P. J. Rentfrow, W. B. Swann, 〈A very brief masur of th Big-Five personality domans〉, 《Journal of Resarch in personality 37(6)》, pp. 504~528, 2003
- 《探索人格潛能，看見更真實的自己》，布萊恩．李托（Brian R. Little）／蔡孟璇譯，天下雜誌，2017
- 〈「趙智善的名人心理學」擁有權力，就會變成另一個人〉，趙智善，《中央日報》，2018.07.29

- D. Keltner, D. H, Gruenfeld, C. Anderson, 〈Power, approach and inhibition〉, 《Psychological Review 110》, pp. 265~284, 2003
- 《文化心理學》，韓成烈、韓敏、犬宮義行、沈慶燮，HAKJISA，2015
- 《寫給青少年的精神醫學散文》，河知賢，HAINAIM，2012
- 《時事常識字典》，朴文閣，PMG知識引擎研究所，https://terms.naver.com/entry.nhn?docId=937554&cid=43667&categoryId=43667

第二章

- 《理性的情緒化：精神科醫師拆解七種支配生活的基本情緒》，弗朗索瓦．勒洛爾(François Lelord)/王資譯，一魚文化，2016
- 《從圖畫讀懂栩栩如生的心理學》，李素拉，andbooks，2008
- Kailash Satyarthi, 〈How to make peace? Get angry〉, TED 2015, https://www.ted.com/talks/kailash_satyarthi_how_to_make_peace_ get_angry
- Adoree Durayappah-Harrison, 〈Want to Keep Your New Year' s Resolutions? Get Angry!〉, 2010.12.30, https://www.psychologytoday.com/intl/blog/

thriving101/201012/want-keep- your-new-year-s-resolutions-get-angry

- H. Aarts, K. I. Ruys, H. Veling, R. A. Renes, J. H. B. de Groot, A. M. van Nunen, S. Geertjes, 〈The Art of Anger: Reward Context Turns Avoidance Responses to Anger-Related Objects Into Approach〉,《Psychological Science》, 2010; 21 (10): 1406
- 《尊重你的憤怒》，貝芙莉．英格爾（Beverly Engel）／呂亞萍譯，上海三聯書店，2008
- 《憤怒的技術》，馬修．麥凱（Matthew McKay）
- M. R. Leary, J. M. Twenge, E. Quinlivan, 〈Interpersonal Rejection as a Determinant of Anger and Aggression〉, 《Personality and Social Psychology Review, 10(2)》, pp. 111~132, 2006
- 《還好，我們可以練習快樂》，拉法葉．桑當德魯（Rafael Santandreu）／葉淑吟譯，平安文化，2014
- 《火》，陳重權等，韓民族日報，2009
- 《各位生氣的真正原因》，EBS各位生氣的真正原因製作團隊，tornadobook，2015

- 《療癒內在小孩的創傷》，瑪格麗特・保羅（Margaret Paul）
- 《心理學，就拜託自尊感了》，史蒂芬妮・史塔爾（Stefanie Stahl）
- Jennifer S. Lerner, Roxana M Gonzalez, Deborah a Small, Baruch Fischoff, 〈Effects of Fear and Anger on Perceived Risks of Terrorism A National Field Experiment〉, 《Psychological Science, 14(2)》 pp.144~150, 2003
- 《心理醫師的傷心急救手冊》，蓋・溫奇（Guy Winch），商業周刊，2017

第三章

- Martin Graff, Ph.D., head of psychology research, University of South Wales, United Kingdom; Nancy Mramor, Ph.D., psychologist and media expert, Pittsburgh; Ramani Durvasula, Ph.D., director, psychology clinic, California State University, Los Angeles; May 4, 2018, news release, British Psychological Society
- Adam Alter, 〈Why our screens make us less happy〉, TED 2017, https://www.ted.com/talks/adam_alter_why_our_screens_make_ us_less_happy
- Susanna Schrobsdorff, 〈The Rage Flu: Why All This Anger Is Contagious and Making

us Sick〉，《TIME》, 2017.6.29, http:// time.com/4838673/anger-and-partisanship-as-a-virus

- Younger people, 〈Instagram ranked worst for young people' s mental health〉, 《RSPH》, 2017.5.19., https://www.rsph.org.uk/ about-us/news/instagram-ranked-worst-for-young-people-s- mental-health.html
- 《憤怒的技術》，馬修．麥凱（Matthew McKay）
- Marlo Sollitto, 〈Go Ahead, Have a Good Cry: 5 Reasons Why It's Good for You〉, 《Aging Care》, 2018.3.6., https://www. agingcare.com/Articles/reasons-why-crying-is-good-for-your- health-146022.htm
- 《為什麼斑馬不會得胃潰瘍?：壓力、壓力相關疾病及因應之最新守則》，羅伯．薩波斯基（Robert M. Sapolsky），遠流，2001
- 《髒話的療癒力量……一口氣罵出來，有效舒緩身體與精神的痛苦》，金惠慶，《紐西斯》，2017.06.05，https://news.joins.com/article/21636951
- 《一生氣就激動的人，越發火越冷靜》，芭芭拉．貝克漢（Barbara Berckhan）
- 《還好，我們可以練習快樂》，拉法葉．桑當德魯（Rafael Santandreu）／葉淑吟譯，

平安文化，2014
- 斗山百科，性惡論，http://www.doopedia.co.kr/doopedia/master/master.do?_method=view&MAS_IDX=101013000847692
- 《心理學，就拜託自尊感了》，史蒂芬妮．史塔爾（Stefanie Stahl）
- 《理情行為治療》，亞伯．艾里斯（Albert Ellis）、凱瑟琳．麥克賴瑞（Catharine MacLaren）／劉小菁譯，張老師文化／2002
- 《不抓狂的管理術》雷蒙．奇普．塔弗瑞（Raymond Chip Tafrate）、哈維．凱西諾夫（Howard Kassinove），經濟日報，2011
- 《與時間有約》，史蒂芬．柯維（Stephen R. Covey）、羅傑．梅瑞爾（Roger Merrill）、麗蓓嘉．梅瑞爾（Rebecca R. Merrill），時報出版，1994
- 《社會心理學》，大衛．邁爾斯（David Guy Myers）
- 〈追問「中秋節的本質是什麼？」〉，金英敏，《我喜歡在早晨思考死亡》，acrossbook，2018
- 《向精神科醫師學習的自尊感對話法》，文智賢，saramnamusai，2017
- 《非暴力溝通：愛的語言》，馬歇爾．盧森堡（Marshall B. Rosenberg）／蕭寶森譯，

光啓文化，2019

第四章

- 《心理醫師的傷心急救手冊》，蓋．溫奇（Guy Winch），商業周刊，2017
- 《自尊心：六項自尊基礎的實踐法》，納撒尼爾．布蘭登（Nathaniel Branden）／孫允寬譯，遠流，1996
- 〈動不動就暴怒，面對陣發性暴怒障礙症的對策〉，鄭鎭奎，《TJB 8News》，2018.04.29，http://www.tjb.co.kr/sub0301/bodo/view/ id/30907/version/1
- 《致不誠實面對情緒的我》，李素拉，RH Korea，2018
- 《Mother Shock》，金光浩、金美智，JoongangBooks，2012
- 〈前額葉的功能〉，金榮振，Navercast生活中的心理學，2011.12.05，https://terms.naver.com/entry.nhn?docId=3573370&cid=59039&categoryId=59044＃__datalab
- 《火》，陳重權等，韓民族日報，2009
- 《非暴力溝通：愛的語言》，馬歇爾．盧森堡（Marshall B. Rosenberg）／蕭寶森譯，光啓文化，2019

VUJ0099

啊~剛才應該要生氣的！
給無法好好生氣而每晚狂踢被子的你

作　　者—조명국趙明局
譯　　者—王品涵
主　　編—林潔欣
企　　劃—許文薰
美術設計—徐思文
排　　版—游淑萍

第五編輯部總監—梁芳春
董 事 長—趙政岷
出 版 者—時報文化出版企業股份有限公司
一〇八〇一九臺北市和平西路三段二四〇號三樓
發行專線—（〇二）二三〇六—六八四二
讀者服務專線—〇八〇〇—二三一—七〇五
（〇二）二三〇四—七一〇三
讀者服務傳真—（〇二）二三〇四—六八五八
郵撥—一九三四四七二四時報文化出版公司
信箱—一〇八九九臺北華江橋郵局第九九信箱

時報悅讀網—http://www.readingtimes.com.tw
法律顧問—理律法律事務所　陳長文律師、李念祖律師
印　　刷—勁達印刷股份有限公司
初版一刷—二〇二〇年六月十九日
定　　價—新臺幣三五〇元
（缺頁或破損的書，請寄回更換）

時報文化出版公司成立於一九七五年，
並於一九九九年股票上櫃公開發行，於二〇〇八年脫離中時集團非屬旺中，
以「尊重智慧與創意的文化事業」為信念。

啊～剛才應該要生氣的！給無法好好生氣而每晚狂踢被子的你 / 趙明局著 ; 王品涵譯 . -- 一版 . -- 臺北市 : 時報文化 , 2020.06
面 ; 公分 . -
ISBN 978-957-13-8214-2（平裝）
1. 憤怒 2. 情緒管理 3. 修身 4. 生活指導
192.1　　109006615

아까 화냈어야 했는데

ISBN 978-957-13-8214-2
Printed in Taiwan